EUL VERLAG

Andreas Förster

Mundell-Fleming-Modell

Eine makroökonomische Analyse wirtschaftspolitischer Maßnahmen

EUL VERLAG

Bibliografische Information der Deutschen Nationalbibliothek

Die Deutsche Nationalbibliothek verzeichnet diese Publikation in der Deutschen Nationalbibliografie; detaillierte bibliografische Daten sind im Internet über <http://dnb.d-nb.de> abrufbar.

ISBN 978-3-8441-0085-3
1. Auflage Oktober 2011

JOSEF EUL VERLAG GmbH
Brandsberg 6
53797 Lohmar
Tel.: 0 22 05 / 90 10 6-6
Fax: 0 22 05 / 90 10 6-88
E-Mail: info@eul-verlag.de
http://www.eul-verlag.de

Bei der Herstellung unserer Bücher möchten wir die Umwelt schonen. Dieses Buch ist daher auf säurefreiem, 100% chlorfrei gebleichtem, alterungsbeständigem Papier nach DIN 6738 gedruckt.

Vorwort

Die folgenden Ausführungen dienen zur Ergänzung von Vorlesungen und Übungen zu Lehrveranstaltungen der internationalen Makroökonomie bzw. der monetären Außenwirtschaftslehre. Im Wesentlichen soll die formale Struktur des *IS-LM*-Modells sowie des Mundell-Fleming-Modells aufgezeigt und erweitert werden. So führen die Darstellungen des kurzfristigen *IS-LM*-Modells an das langfristig orientierte *AS-AD*-Modell heran. Das vorliegende Buch knüpft an die Lektüre einschlägiger Makroökonomielehrbücher an, z.B. Blanchard/Illing (2009), Felderer/Homburg (2005), Mankiw (2003) oder Wohltmann (2007).

Das *IS-LM*-Modell wird für die kurzfristige Analyse konjunktureller Schwankungen und der entsprechenden Stabilisierungspolitik herangezogen. Kurzfristig bedeutet: Das Preisniveau P ist im Betrachtungszeitraum fixiert. Auf Nachfrageänderungen reagieren die Unternehmen nicht mit einer Preisänderung, sondern mit einer Angebotsanpassung. Darin liegt der wesentliche Unterschied zwischen *neoklassischer* und *keynesianischer* Betrachtungsweise: Langfristig sind die Preise flexibel, kurzfristig starr. Ein weiterer Unterschied zwischen beiden Modellansätzen besteht in einer zentralen Annahme über den Arbeitsmarkt: In *der neoklassischen Modellwelt* ist der Arbeitsmarkt geräumt (zumeist zu Löhnen, die sich am Grenzprodukt der Arbeit orientieren), wohingegen in der *keynesianischen Modellwelt* eine Unterbeschäftigungssituation existiert. Daher führt eine Ausweitung der Nachfrage zu verschiedenen Ergebnissen. Im *neoklassischen Modell* können die Unternehmen ihre Produktion nicht ausdehnen: Der Einsatz weiterer Arbeitskräfte lässt die Arbeitskosten steigen und die Unternehmen erleiden unter der Annahme der Nullgewinnbedingung Verluste. Folglich reagieren sie auf eine Erhöhung der Nachfrage mit einer Erhöhung der Preise. Mithilfe der Annahme von Unterbeschäftigung führt ein Nachfrageanstieg in der *keynesianischen Modellwelt* zu einer Ausweitung des Angebotes: Die Unternehmen setzen mehr Arbeitskräfte in der Produktion ein und passen somit die produzierte Menge an; der Lohnsatz erhöht sich nicht. Eine explizite Modellierung des Arbeitsmarktes und der Angebotsseite der Volkswirtschaft wird hingegen nicht vorgenommen.

Es gibt zahlreiche Kritik am *IS-LM*-Modell, u.a. die fehlende Mikrofundierung, die Annahmen werden *ad hoc* eingeführt, die Wirtschaftssubjekte lassen sich durch Politikmaßnahmen täuschen (die heutigen Staatsausgaben sind gemäß der Ricardianischen Äquivalenztheorie die Steuern von morgen; deshalb würde ein rationales Wirtschaftssubjekt heute sparen, um die

Steuern von morgen zahlen zu können, vorausgesetzt, es betriebe intertemporale Konsumglättung). Trotz der zahlreichen Kritik ist das *IS-LM*-Modell und das darauf aufbauende Mundell-Fleming-Modell ein wichtiges Referenzmodell für all seine Nachfolgermodelle.

Das vorliegende Buch basiert auf Lehrveranstaltungen an der Technischen Universität Dresden zur *Monetären Außenwirtschaftslehre* und *Kapitalmobilität*. Es wird eine streng gegliederte Vorgehensweise verfolgt: Die jeweilige Modellspezifikation wird vorgestellt und erklärt, die sich aus den Modellen ergebenden Lösungen werden formal, graphisch und verbal dargestellt. Diese umfassende Darstellung eignet sich nicht nur zur gründlichen Klausurvorbereitung, sondern dient auch als Nachschlagewerk für alle Fragen, die sich aus dem Mundell-Fleming-Modell ergeben.

Mein Dank gilt zunächst Margot Eul für die stets kompetente verlegerische Betreuung. Insbesondere danke ich meiner Verlobten Christina Schröder, welche sich die Zeit nahm den Text in mühevollster abendlicher Kleinarbeit zu korrigieren und zu formatieren. Sämtliche verbliebene Fehler liegen in meiner Verantwortung.

Andreas Förster Dresden, 2011

Inhaltsverzeichnis

Vorwort V
Verzeichnisse IX
Abbildungsverzeichnis IX
Boxenverzeichnis IX
Tabellenverzeichnis X
Symbolverzeichnis XI
1 *IS-LM*-Modell: geschlossene Volkswirtschaft 1
1.1. Änderung der Staatseinnahmen 5
1.2. Änderung der Staatsausgaben 6
1.3. Geldpolitik 10
1.4. Schocks 11
1.5. Kombinierte Geld- und Fiskalpolitik 13
1.6. Fazit 14
2 Mundell-Fleming-Modell: kleine offene Volkswirtschaft 15
2.1. Flexible Wechselkurse 15
2.1.1. Fiskalpolitik 18
2.1.2. Geldpolitik 20
2.1.3. Änderung des Welteinkommens 21
2.1.4. Änderung des Weltzinsniveaus 21
2.1.5. Schocks 22
2.1.6. Kombinierte Geld- und Fiskalpolitik 23
2.1.7. Erhöhung der Risikoprämie 25
2.2. Feste Wechselkurse 26
2.2.1. Fiskalpolitik 27
2.2.2. Änderung des Welteinkommens 28
2.2.3. Änderung des Weltzinsniveaus 29
2.2.4. Geldpolitik 30
2.2.5. Schocks 30
2.2.6. Erhöhung der Risikoprämie 31
2.3. Fazit 32
3 Mundell-Fleming-Modell: große offene Volkswirtschaft 33
3.1. Flexible Wechselkurse 33
3.1.1. Fiskalpolitik 34
3.1.2. Geldpolitik 36
3.1.3. Änderung des Welteinkommens 37
3.1.4. Änderung des Weltzinsniveaus 37
3.1.5. Schocks 38
3.1.6. Änderung des erwarteten Wechselkurses 39
3.1.7. Erhöhung der Risikoprämie 40
3.1.8. Einführung einer Devisentransaktionssteuer 41
3.2. Feste Wechselkurse 44
3.2.1. Fiskalpolitik, Welteinkommen, Weltzinsniveau, Schocks 45
3.2.2. Wechselkursparitätsänderungen 46
3.2.3. Unglaubwürdigkeit der Wechselkursparität 46
3.2.4. Erhöhung der Risikoprämie 47
3.2.5. Einführung einer Devisentransaktionssteuer 48
3.3. Fazit 49

4 Offene Volkswirtschaft mit Arbeitsmarkt ... 51
4.1. Flexible Wechselkurse ... 56
4.1.1. Fiskalpolitik ... 57
4.1.2. Geldpolitik ... 59
4.1.3. Änderung des Weltzinsniveaus ... 60
4.1.4. Änderung der Wettbewerbssituation ... 61
4.1.5. Änderung der Arbeitsmarktinstitutionen ... 63
4.2. Feste Wechselkurse ... 63
4.2.1. Fiskalpolitik ... 64
4.2.2. Zinsänderung im Ausland ... 65
4.2.3. Änderung der Wettbewerbs- und Arbeitsmarktsituation ... 66
4.3. Fazit ... 68
5 Volkswirtschaft mit Effizienzlöhnen ... 71
5.1. Flexible Wechselkurse ... 77
5.1.1. Fiskalpolitik ... 78
5.1.2. Geldpolitik ... 80
5.1.3. Änderung des Welteinkommens ... 82
5.1.4. Änderung des Weltzinsniveaus ... 82
5.1.5. Inflation im Ausland ... 84
5.2. Feste Wechselkurse ... 85
5.2.1. Fiskalpolitik ... 85
5.2.2. Änderung des Welteinkommens ... 87
5.2.3. Änderung des Weltzinsniveaus ... 87
5.2.4. Neufestlegung der Wechselkursparität ... 88
5.2.5. Inflation im Ausland ... 89
5.3. Eingeschränkte Kapitalmobilität ... 90
5.3.1. Fiskalpolitik ... 92
5.3.2. Geldpolitik ... 92
5.4. Fazit ... 93
6 Währungsunion ... 95
6.1. Wirtschaftspolitische Maßnahmen in der Währungsunion ... 95
6.1.1. Geldpolitik ... 96
6.1.2. Fiskalpolitik in einem Land ... 97
6.1.3. Fiskalpolitik in beiden Ländern ... 99
6.1.4. Risikoprämie ... 100
6.1.5. Zinsniveauänderung ... 100
6.2. Wirtschaftspolitische Maßnahmen in einem Mitgliedsland ... 101
6.2.1. Fiskalpolitik im Mitgliedsland ... 102
6.2.2. Zinsänderungen in der Währungsunion ... 104
6.2.3. Anstieg der Risikoprämie im Mitgliedsland ... 105
6.3. Fazit ... 107
7 Schlussbemerkungen ... 109
Literaturverzeichnis ... 111
Stichwortverzeichnis ... 113

Verzeichnisse

Abbildungsverzeichnis

Abbildung 1 Steuererhöhung. 6
Abbildung 2 Erhöhung der Staatsausgaben. 7
Abbildung 3 Expansive Geldpolitik. 11
Abbildung 4 Negativer Gütermarktschock 12
Abbildung 5 Geldmarktschock. 13
Abbildung 6 Expansive Fiskalpolitik. 19
Abbildung 7 Expansive Geldpolitik. 20
Abbildung 8 Geldmarktschock in der offenen Volkswirtschaft. 23
Abbildung 9 Expansive Fiskalpolitik unter festen Wechselkursen. 28
Abbildung 10 Expansive Fiskalpolitik in einer großen offenen Volkswirtschaft. 35
Abbildung 11 Expansive Geldpolitik in einer großen offenen Volkswirtschaft. 36
Abbildung 12 Tobin-Steuer für unterschiedliche Steuersätze 42
Abbildung 13 Tobin-Steuer bei flexiblen Wechselkursen. 44
Abbildung 14 Tobin-Steuer bei festen Wechselkursen. 49
Abbildung 15 Herleitung der langfristigen *AS*-Kurve. 53
Abbildung 16 Herleitung der *AD*-Kurve. 55
Abbildung 17 Expansive Fiskalpolitik im *AS-AD*-Modell. 58
Abbildung 18 Erhöhung des Monopolgrades im Inland. 62
Abbildung 19 Anstieg der Zinsen im Ausland im *AS-AD*-Modell. 66
Abbildung 20 Abnahme des Monopolgrades im *AS-AD*-Modell. 67
Abbildung 21 Effizienzlohnkurve. 71
Abbildung 22 Expansive Fiskalpolitik im Effizienzlohnmodell (flexible Wechselkurse). 79
Abbildung 23 Expansive Geldpolitik im Effizienzlohnmodell (flexible Wechselkurse). 81
Abbildung 24 Zinserhöhung im Effizienzlohnmodell (flexible Wechselkurse). 83
Abbildung 25 Expansive Fiskalpolitik im Effizienzlohnmodell (feste Wechselkurse). 86
Abbildung 26 Zinserhöhung im Effizienzlohnmodell (feste Wechselkurse). 88
Abbildung 27 Expansive Fiskalpolitik in einem kleinen Land einer Währungsunion. 103
Abbildung 28 Zinsanstieg in der Währungsunion. 104
Abbildung 29 Anstieg der Risikoprämie im *IS-LM*-Modell. 106
Abbildung 30 Anstieg der Risikoprämie im *AS-AD*-Modell. 106

Boxenverzeichnis

Box 1: Simultane Steuer- und Staatsausgabenerhöhung 8
Box 2: Zum inversen Zusammenhang zwischen Zins und Wertpapierkurs 8
Box 3: Marshall-Lerner-Bedingung 16
Box 4: Kombinierte Geld- und Fiskalpolitik in den USA 24
Box 5: Tobin-Steuer 41
Box 6: Herleitung der *AS*-Kurve 52
Box 7: Herleitung der *AD*-Kurve 54
Box 8: Effizienzlöhne 71
Box 9: Herleitung der Angebotsfunktion 73

Tabellenverzeichnis

Tabelle 1 Ergebnisübersicht Kapitel 1. 14
Tabelle 2 Auszahlungsmatrix, kombinierte Geld- und Fiskalpolitik. 25
Tabelle 3 Ergebnisübersicht Kapitel 2. 32
Tabelle 4 Tobin-Steuer. 41
Tabelle 5 Ergebnisübersicht Kapitel 3. 50
Tabelle 6 Ergebnisübersicht 1 Kapitel 4. 68
Tabelle 7 Ergebnisübersicht 2 Kapitel 4. 68
Tabelle 8 Ergebnisübersicht 3 Kapitel 4. 69
Tabelle 9 Ergebnisübersicht Kapitel 5. 94
Tabelle 10 Ergebnisübersicht 1 Kapitel 6. 107
Tabelle 11 Ergebnisübersicht 2 Kapitel 6. 107

Symbolverzeichnis

C	Konsum
c_0	Autonomer Konsum
c_1	Marginale Konsumneigung
D	Determinante
e	Arbeitseffizienz
E	Nominaler Wechselkurs
E_{t+1}	Nominaler Wechselkurs in Periode $t+1$
ε	Realer Wechselkurs; $\varepsilon = E \cdot P / P^*$
G	Staatsausgaben
g	Gesamtpreisniveau
h	Anteil der importierten Güter
i	Zins (Nominalzins)
I	Investitionen
L	Liquiditätspräferenz
M	nominale Geldmenge
μ	Monopolgrad
N	Arbeitskräftebestand
n	Monate
NX	Nettoexporte
P	Inländisches Preisniveau
ρ	Risikoprämie
S	Güterangebot
T	Steuern
T_{Dev}	Devisentransaktionssteuer
W	Nominallohn
X	Arbeitseinsatz
x^D	Gütermarktschock
x^M	Geldmarktschock
Y	Volkseinkommen, Bruttoinlandsprodukt
Y_V	Verfügbares Einkommen; $Y_V = Y - T$
z	Arbeitsmarktinstitutionen
Z	Güternachfrage

Ausländische Variablen werden mit * gekennzeichnet.

1 *IS-LM*-Modell: geschlossene Volkswirtschaft

In diesem Kapitel wird das *IS-LM*-Modell rekapituliert und formal dargestellt. Umfassende Beschreibungen und Herleitungen finden sich in den einschlägigen Lehrbüchern der Makroökonomie. Das *IS-LM*-Modell gilt für geschlossene Volkswirtschaften und kann auch als Modell einer offenen Volkswirtschaft ohne internationale Kapitalmobilität betrachtet werden.[1]

Das Modell geht von zwei Gleichungen aus: Einer Gleichung für das Geldmarktgleichgewicht, der *LM*-Gleichung, und einer Gleichung für das Gütermarktgleichgewicht, der *IS*-Gleichung. Betrachtet wird die Wirkung der Änderung exogener Größen wie Geldmenge und Staatsausgaben auf die beiden endogenen Größen Bruttoinlandsprodukt Y und Zinssatz i.

Mithilfe der volkswirtschaftlichen Gesamtrechnung lässt sich das Bruttoinlandsprodukt Y von der Verwendungsseite darstellen.[2] Daraus ergibt sich die Gleichung für das Gleichgewicht auf dem Gütermarkt:

IS-Gleichung:
$$Y = C(Y - T) + I\Big(\underset{+}{Y}, \underset{-}{i}\Big) + G. \tag{1.1}$$

Die Gleichung (1.1) kann folgendermaßen interpretiert werden: Im Gleichgewicht (Gleichheitszeichen) entspricht das Güterangebot (Y) der Güternachfrage. Letztere setzt sich zusammen aus Konsum C, Investitionen I und Staatsausgaben G. Der Konsum ist positiv abhängig vom verfügbaren Einkommen (Y-T), d.h. dem Einkommen abzüglich der Steuern T.[3] Die Investitionen sind positiv abhängig vom Absatzniveau und negativ abhängig vom Zinssatz.

---

[1] Internationale Kapitalmobilität wird von Seiten des betrachteten Landes unterbunden, beispielsweise durch regulatorische Auflagen. Damit kann sich der Zinssatz in dieser Volkswirtschaft unabhängig vom Weltzinsniveau einstellen.

[2] Umfassende Darstellungen und Betrachtungen der volkswirtschaftlichen Gesamtrechnung (VGR) liefern Lehrbücher zur Makroökonomie. Das Bruttoinlandsprodukt (BIP) wird von der *Verwendungsseite* betrachtet, das heißt, es wird betrachtet, zu welchem Zweck die produzierten Güter verwendet werden. Das BIP kann dazu noch von der *Verteilungs-* und *Entstehungsseite* betrachtet werden. Eine Herleitung der Gütermarktgleichung befindet sich in Blanchard (2008), der die *IS*-Gleichung aus der Verwendungsgleichung des BIPs herleitet. Die Bezeichnungen I und S stehen dabei für Investition und Ersparnis, wobei von einem negativen Zusammenhang zwischen Zins und Investitionen ausgegangen wird: Je höher der Zinssatz, desto geringer fällt die Investitionsgüternachfrage aus. Infolge dieses Zusammenhanges stellt sich für die *IS*-Kurve im Y-i-Diagramm ein negativer Verlauf ein.

[3] „Negative Steuern“ können an dieser Stelle als Subventionen interpretiert werden, welche das verfügbare Einkommen erhöhen.

Diese Gütermarktgleichung kann ohne Berücksichtigung einer konkreten Investitionsfunktion spezifiziert werden zu:

$$Y = c_0 + c_1 (Y - T) + I + G, \tag{1.2}$$

wobei c_0 den autonomen Konsum und c_1 die marginale Konsumneigung in Gleichung (1.2) beschreibt. Damit lässt sich der einfache Einkommensmultiplikator für die Änderung von Staatsausgaben, Staatseinnahmen, autonomem Konsum oder Investitionen bestimmen:

$$Y = \frac{1}{1-c_1} \cdot [c_0 + I + G - c_1 T].$$

Es ergeben sich für die Änderungen der Staatsausgaben:

$$\frac{dY}{dG} = \frac{1}{1-c_1}$$ [4]

und für eine Veränderung der Steuern:

$$\frac{dY}{dT} = -\frac{c_1}{1-c_1}.$$ [5]

Ändern sich Staatsausgaben und Steuern im gleichen Maße, gilt das Haavelmo-Theorem:

$$\left.\frac{dY}{dG}\right|_{dG=dT} = \frac{dY}{dG} + \frac{dY}{dT} = \frac{1}{1-c_1} - \frac{c_1}{1-c_1} = \frac{1-c_1}{1-c_1} = 1,$$

[4] Es gilt annahmegemäß für die marginale Konsumneigung $0 < c_1 < 1$, d.h. eine Erhöhung der Staatsausgaben um einen Euro führt zu einer Ausweitung der Nachfrage und der Produktion um einen Betrag, der größer ist als ein Euro.

[5] Unter der getroffenen Annahme für die Größe der marginalen Konsumneigung $(0 < c_1 < 1)$ führt eine Steuererhöhung um einen Euro zu einem Rückgang der Nachfrage und der Produktion von mehr als einem Euro.

d.h. eine Veränderung der Staatsausgaben und der Steuern um den gleichen Betrag haben einen positiven Effekt auf das BIP und verändern dieses genau um den Betrag, um den Staatsausgaben und Steuern variiert wurden.[6]

Für den Geldmarkt gilt:

LM-Gleichung: $$\frac{M}{P} = Y \cdot L(i).^{7} \qquad (1.3)$$

Die Geldmarktgleichung (1.3) zeigt ein Gleichgewicht auf dem Geldmarkt an, bei dem das reale Geldangebot[8] der realen Geldnachfrage[9] entspricht.[10] Das nominale Geldangebot M wird exogen von der Zentralbank gesetzt.[11] Die reale Geldnachfrage $Y \cdot L(i)$ kann aus dem Optimierungskalkül eines repräsentativen Konsumenten hergeleitet werden (vgl. dazu u.a. Holtemöller 2008). Die Geldnachfrage ist positiv abhängig vom Einkommen und negativ abhängig vom Zinssatz.

Da das Preisniveau in den folgenden Ausführungen zunächst nicht variiert werden soll, wird es auf eins normiert und konstant gehalten. Dies entspricht der keynesianischen Idee kurzfristig rigider Preise. Die Geldmarktgleichung (1.3) vereinfacht sich somit zu:

LM-Gleichung: $$M = Y \cdot L(i). \qquad (1.4)$$

Aus Geld- und Gütermarktgleichung wird jeweils das totale Differential gebildet. Zur besseren Übersichtlichkeit sei die Gütermarktgleichung (1.1) wie folgt dargestellt:

---

6 Dieses Theorem wurde nach dem norwegischen Ökonomen Trygve Haavelmo (1911 - 1999) benannt, welcher 1989 mit dem Alfred-Nobel-Gedächtnispreis an der Schwedischen Zentralbank ausgezeichnet wurde.

7 Die Bezeichnung *LM* steht dabei für *Liquidity* und *Money*: Je mehr Geld sich im Markt befindet, desto geringer *c.p.* die Zinsen bzw. je höher die Liquiditätspräferenz bei konstantem Geldangebot, desto höher der Zinssatz. Erhöht sich *c.p.* das reale Einkommen Y, fragen die Wirtschaftssubjekte mehr Geld nach, um Güter tauschen zu können. Die gestiegene Geldnachfrage wird befriedigt, indem Wertpapiere verkauft bzw. Kredite nachgefragt werden, was in beiden Fällen mit einem Zinsanstieg einhergeht. Daher stellt sich im *Y-i*-Diagramm ein positiver Zusammenhang zwischen Einkommen und Zins ein und die *LM*-Kurve nimmt einen steigenden Verlauf an.

8 Das reale Geldangebot M^S wird auf der linken Seite der Gleichung (1.3) dargestellt: $M^S = M/P$.

9 Die reale Geldnachfrage M^D wird auf der rechten Seite der Gleichung (1.3) abgebildet: $M^D = Y \cdot L(i)$.

10 Im Gleichgewicht gilt: Geldangebot = Geldnachfrage, d.h. $M^S = M^D$

11 In der kurzen Frist sei das Preisniveau als rigide angenommen, d.h. verändert die Zentralbank das nominale Geldangebot, so verändert sich folglich auch das reale Geldangebot.

IS-Gleichung: $$Y = C\big(\underset{+}{Y}, \underset{-}{T}\big) + I\big(\underset{+}{Y}, \underset{-}{i}\big) + G. \tag{1.5}$$

Im Folgenden soll die Wirkung von Geld- und Fiskalpolitik auf die beiden endogenen Größen Y und i untersucht werden. Dazu wird in **vier Schritten** vorgegangen:

1. Bildung des totalen Differenzials

Aus den Gleichungen (1.4) und (1.5) wird jeweils das totale Differential gebildet:

$$dY = C_Y'(Y,T)\,dY + C_T'(Y,T)\,dT + I_Y'(Y,i)\,dY + I_i'(Y,i)\,di + dG$$

bzw. vereinfachend geschrieben

$$dY = C_Y'dY + C_T'dT + I_Y'dY + I_i'di + dG. \tag{1.6}$$

Für die *LM*-Kurve ergibt sich:

$$dM = L(i)\cdot dY + Y\cdot L_i'(i)\,di.[12] \tag{1.7}$$

2. Notierung in Matrixschreibweise

Die Gleichungen (1.6) und (1.7) können nach den endogenen Größen (Y und i) bzw. nach den exogenen Größen (G, T, M) umgestellt und in Matrixform dargestellt werden. Damit ergibt sich:

$$\begin{pmatrix} (1 - C_Y' - I_Y') & -I_i' \\ L(i) & YL_i' \end{pmatrix} \cdot \begin{pmatrix} dY \\ di \end{pmatrix} = \begin{pmatrix} dG + C_T'dT \\ dM \end{pmatrix}. \tag{1.8}$$

3. Bestimmung der Determinante der Koeffizientenmatrix

Damit kann die Determinante D der Koeffizientenmatrix (erster Klammerausdruck auf der linken Seite von (1.8)) bestimmt werden:

$$D = (1 - C_Y' - I_Y')\cdot YL_i' - L(i)\cdot(-I_i') < 0. \tag{1.9}$$

[12] Es wird statt „$L_i'(i)\,di$ “vereinfachend „$L_i'di$ “ geschrieben.

4. Bestimmung der Änderungen der endogenen Größen

Mithilfe der Cramer'schen Regel kann die Änderung der beiden endogenen Größen ermittelt werden. Dazu werden die exogenen Größen der rechten Seite von Gleichung (1.8) in die linke Seite der Matrix (1.8) eingesetzt. Damit ergibt sich ein Bruch mit jeweils einer Matrix im Zähler und Nenner, wobei jeweils die Determinante im Nenner steht. Im folgenden Abschnitt 0 wird dies näher veranschaulicht, später wird auf die genaue Darstellung zu Gunsten der Übersichtlichkeit verzichtet. Dieser formale Lösungsweg kann u.a. in Chiang (2005) oder bei Hammond/Sydsaeter (2008) nachvollzogen werden.

1.1. Änderung der Staatseinnahmen

Annahmegemäß gelten für die Betrachtung der kurzen Frist $P=1$ und $dP=0$. Endogen seien der Zinssatz *i* und das Einkommen *Y*. Betrachtet werde zunächst eine Steueränderung, die formal mithilfe der Gleichungen (1.8) und (1.9) ermittelt werden kann:

$$\frac{dY}{dT}=\frac{\begin{vmatrix} C'_T & -I' \\ 0 & YL'_i \end{vmatrix}}{\begin{vmatrix} (1-C'_Y-I'_Y) & -I'_i \\ L(i) & YL'_i \end{vmatrix}}=\frac{C'_T\cdot YL'_i}{D}=\frac{+}{-}<0\,,$$

$$\frac{di}{dT}=\frac{\begin{vmatrix} (1-C'_Y-I'_Y) & C'_T \\ L(i) & 0 \end{vmatrix}}{\begin{vmatrix} (1-C'_Y-I'_Y) & -I'_i \\ L(i) & YL'_i \end{vmatrix}}=\frac{-L(i)\cdot C'_T}{D}=\frac{+}{-}<0\,.$$

Erklärung:

Eine Erhöhung der Steuern *T* reduziert das verfügbare Einkommen Y_V $\left(Y_V=Y-T\right)$ der Konsumenten, so dass der Konsum *C* sinkt. Dadurch sinkt die volkswirtschaftliche Nachfrage. Da annahmegemäß die Produktion durch die Nachfrage bestimmt wird, führt ein Rückgang der Nachfrage zu einem Rückgang der Produktion und damit des volkswirtschaftlichen Einkommens, in Abbildung 1 gekennzeichnet durch eine Linksverschiebung der *IS*-Kurve. Der Einkommensrückgang lässt die Nachfrage nach Geld sinken, da weniger Transaktionen durchgeführt werden, d.h. es erfolgt eine Bewegung auf der *LM*-Kurve. Die Wirtschaftssubjekte investieren in Wertpapiere. Dadurch steigen die Wertpapierkurse und die Zinsen sinken. Dies begünstigt Investitionen und lässt die Investitionsgüternachfrage ansteigen, was dem ursprünglich restriktiven Impuls entgegenwirkt, vgl. Punkt *A'* mit Punkt *B*, der Rückgang des Einkommens wird durch sinkende Zinsen abgemildert. Dennoch sinkt durch die Steuererhöhung das Volkseinkommen.

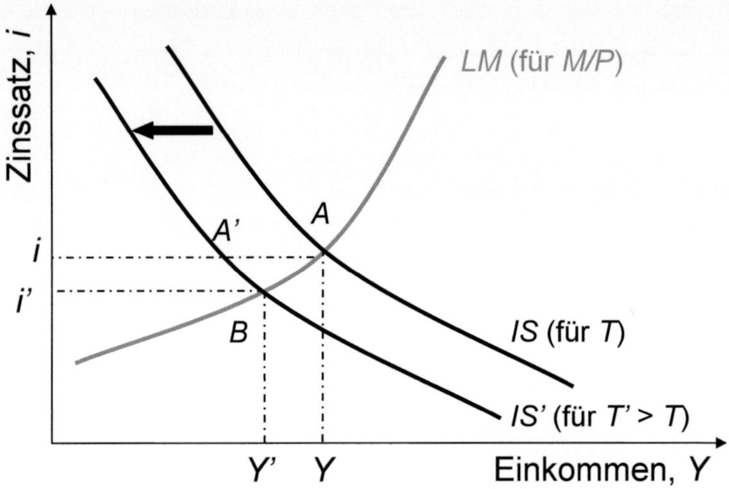

Abbildung 1 Steuererhöhung.

Diskussion:

Durch die Erhöhung der privaten Investitionen infolge der Zinssenkung kann die Volkswirtschaft möglicherweise in Zukunft eine größere Produktivität entfalten (*Crowding-In-Effekt*), vgl. dazu Felderer/Homburg (2005).

1.2. Änderung der Staatsausgaben

Die Wirkung einer Staatsausgabenvariation auf die endogenen Größen *Y* und *i* kann wieder formal mithilfe der Gleichungen (1.8) und (1.9) bestimmt werden:

$$\frac{dY}{dG} = \frac{YL_i'}{D} = \frac{-}{-} > 0,$$

$$\frac{di}{dG} = \frac{-L(i)}{D} = \frac{-}{-} > 0.$$

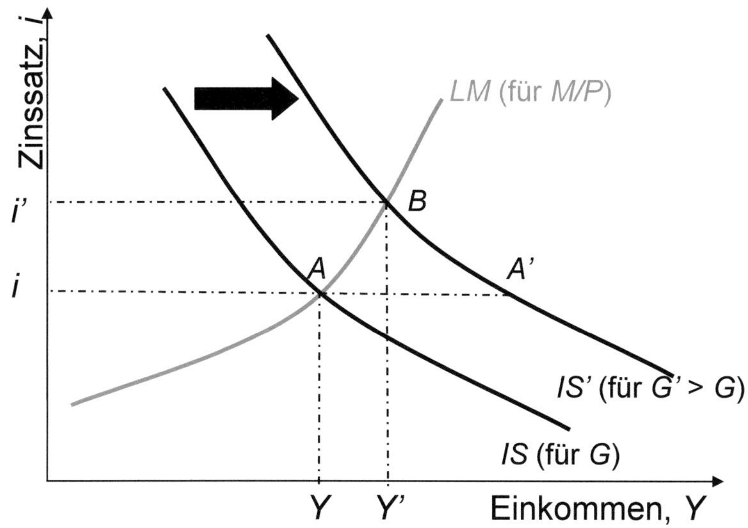

Abbildung 2 Erhöhung der Staatsausgaben.

Erklärung:

Bei der Erhöhung der Staatsausgaben stellt sich die Frage ihrer Finanzierung. Im betrachteten Fall werden die Staatsausgaben mit Schulden finanziert. Die gleichzeitige Erhöhung von Steuern und Ausgaben wird in der untenstehenden Box 1 betrachtet. Zur Schuldenfinanzierung emittiert der Staat Wertpapiere (genauer Staatsanleihen; diese haben eine feste Laufzeit und jährlich ist eine Kuponzahlung an die Gläubiger fällig). Dies erhöht das Wertpapierangebot, wodurch die Wertpapierkurse sinken und die Zinsen steigen. Steigende Zinsen benachteiligen private Investitionen, mitunter kommt es zum vollständigen *Crowding Out* (Verdrängung) der privaten Investitionen. Allerdings ist die Staatsausgabenerhöhung direkt nachfragewirksam, dies lässt Produktion und Einkommen ansteigen; vgl. in Abbildung 2 Punkt *A'*, in dem die Zinsen unverändert bleiben und Punkt *B*, in dem die Zinsen gestiegen sind. Blanchard/Illing (2009) enthalten sich einer Aussage bezüglich der Investitionen. Es kommt hierbei auf die volkswirtschaftliche Gesamtsituation an: Liegt die Situation einer *Investitions-* oder *Liquiditätsfalle* vor, d.h. ist die Investitionsgüternachfrage zinsunelastisch, werden keine privaten Investitionen verdrängt. Im Gegenteil: Der Staat kann mit seiner zusätzlichen Nachfrage eine „Lokomotivfunktion“ ausführen, wobei die gesamtwirtschaftliche Nachfrage, die Produktion und das Einkommen steigen. Der Staat gibt die Initialzündung zu neuem Wirtschaftswachstum bzw. zur Überwindung einer Krise.

Box 1: Simultane Steuer- und Staatsausgabenerhöhung

Formal ergeben sich für eine durch Steuern finanzierte Staatsausgabenerhöhung für die Änderungen des Einkommens und des Zinssatzes:

$$\left.\frac{dY}{dG}\right|_{dG=dT}=\frac{dY}{dG}+\frac{dY}{dT}=\frac{YL_i'}{D}+\frac{C_T'\cdot YL_i'}{D}=\frac{YL_i'\cdot\left(1+C_T'\right)}{D}=\frac{-}{-}>0,$$

$$\left.\frac{di}{dG}\right|_{dG=dT}=\frac{-\left(1+C_T'\right)\cdot L\left(i\right)}{D}=\frac{-}{-}>0.$$

Eine vollständig durch Steuern finanzierte Staatsausgabenerhöhung kann zu einem Anstieg des Bruttoinlandsproduktes und einem Zinsanstieg führen und hat damit eine reale Wirkung.

Diskussion:

Durch die Erhöhung der Staatsausgaben werden private Investitionen in der Volkswirtschaft verdrängt (*Crowding-Out-Effekt*). Das Ausmaß dieser Verdrängung hängt von den Modellannahmen hinsichtlich der Beschäftigungssituation in der Volkswirtschaft ab. In einer Situation mit Vollbeschäftigung, d.h. der klassisch-neoklassischen Sichtweise, hat Fiskalpolitik keine reale Wirkung, es kommt zu einem vollständigen *Crowding Out* bei der Erhöhung der Staatsausgaben. Liegt dagegen eine Unterbeschäftigungssituation vor, d.h. eine keynesianische Modellinterpretation, kommt es zu einem teilweisen *Crowding-Out*, wobei sich jedoch positive Nachfrageeffekte entfalten können, vgl. dazu Felderer/Homburg (2005).

Box 2: Zum inversen Zusammenhang zwischen Zins und Wertpapierkurs

Der Finanzmarkt ist im dargestellten Modellrahmen nicht expliziert modelliert, aber dennoch vorhanden. Auf diesem Finanzmarkt werden homogene Wertpapiere gehandelt, d.h. Risikounterschiede zwischen verschiedenen Wertpapieren, insbesondere zwischen Staats- und Unternehmensanleihen, werden nicht explizit betrachtet. Jedoch kann sich vorgestellt werden, dass Staatsanleihen als risikolos eingestuft und andere Wertpapiere demgegenüber mit einem Risikoaufschlag versehen werden, d.h. erhöht sich die Rendite von Staatsanleihen, so erhöht sich auch die Rendite von Unternehmensanleihen. Formal lässt sich die Rendite von Finanzmarkttiteln wie folgt darstellen:

$$\frac{Kuponzahlung}{Wertpapierkurs} = Verzinsung,$$

wobei ein Anleger das Wertpapier zu einem bestimmten Wertpapierkurs erwirbt. Das Wertpapier wirft in der Regel eine jährliche fixe Kuponzahlung ab. Nach einer bestimmten Laufzeit erhält der Investor sein Investment zurück. In der Regel werden Anleihen zu einem Kurs von 100 ausgegeben und mit einem vorher festgelegten Betrag verzinst:

$$\frac{10}{100} = 10\%.$$

Erwirbt ein Anleger das Wertpapier zum Emissionskurs von 100 €, erhält er darauf eine jährliche Zinszahlung von 10 €, d.h. er erzielt somit eine Rendite von 10 % auf sein eingesetztes Kapital. Am Ende der Laufzeit erhält der Investor gegen Rückgabe des Wertpapiers dessen Nennwert von 100 € zuzüglich der Zinsen in Höhe von 10 € zurück. Anleihen stellen damit einen Kredit eines Investors an den Staat oder an ein Unternehmen dar, welcher verzinst und getilgt wird. Während der Laufzeit kann das Wertpapier an der Börse gehandelt werden und unterliegt damit Kursschwankungen. Sinkt zum Beispiel der Wertpapierkurs auf 50 €, so kann der neue Halter dieses Wertpapiers eine Rendite von 20 % realisieren, da die Kuponzahlung von 10 € fixiert ist:[13]

$$\frac{10}{50} = 20\%.$$

Anders herum kann der Kurs des Wertpapiers auch steigen: ein Käufer des betrachteten Wertpapiers, dessen Kurs auf 200 € gestiegen ist, erzielt eine Rendite von 5 %:[14]

$$\frac{10}{200} = 5\%.$$

Die Restlaufzeiten der Wertpapiere werden aus Vereinfachungsgründen nicht betrachtet. Möchte der Staat seine Ausgaben erhöhen, kann er diese Ausgaben finanzieren, indem er die

---

[13] Hält der neue Investor das Wertpapier bis zur Fälligkeit, profitiert er von einer Rückzahlung desselbigen zu 100 € und kann so zusätzliche Gewinne in Höhe von 50 € je Wertpapier realisieren.

[14] Hält dieser Investor das Wertpapier bis zur Fälligkeit, erleidet er einen Kursverlust von 50 % (entspricht 100 €), da die betrachtete Anleihe lediglich mit 100 € zurückgezahlt wird.

Steuern erhöht oder sich verschuldet. In letzterem Fall emittiert der Staat Wertpapiere, d.h. er gibt neue Wertpapiere aus, die vom Publikum gezeichnet werden können. Erhöht sich so das Angebot an Wertpapieren, sinkt deren Preis (d.h. der Kurs), infolgedessen steigen die Zinsen. Anders herum ausgedrückt muss der Staat mit zunehmender Verschuldung eine höhere Kuponzahlung anbieten, damit Anleger die Wertpapiere kaufen. Da homogene Wertpapiere angenommen werden, findet durch Arbitrageprozesse eine Angleichung der Renditen statt, d.h. emittiert der Staat Wertpapiere, fallen alle Wertpapierkurse und die Zinsen steigen. Sollten beispielsweise Unternehmensanleihen risikobehaftet sein, so sinken deren Kurse so stark, dass die Zinssteigerung den Risikoaufschlag mit berücksichtigt.

Erhöht die Zentralbank die Geldmenge *M*, befindet sich mehr Liquidität im Markt, die nach Anlagemöglichkeiten sucht. Das Publikum, welches mit dem zusätzlichen Geld ausgestattet ist, kann Güter kaufen, was langfristig die Güterpreise treibt oder am Finanzmarkt Wertpapiere erwerben, wodurch die Wertpapierkurse steigen und die Zinsen fallen.

1.3. Geldpolitik

Im Folgenden soll eine Änderung der nominalen Geldmenge *M* analysiert werden. Da das Preisniveau *P* als konstant angenommen wird, ändert sich somit auch das reale Geldangebot. Für die endogenen Größen *Y* und *i* ergibt sich im Falle einer Geldmengenänderung:[15]

$$\frac{dY}{dM} = \frac{I'_i}{D} = \frac{-}{-} > 0,$$

$$\frac{di}{dM} = \frac{\left(1 - C'_Y - I'_Y\right)}{D} = \frac{+}{-} < 0.$$

Erklärung:

Im Falle expansiver Geldpolitik druckt die Zentralbank Geld und verteilt es an die Wirtschaftssubjekte; der genaue Transmissionsprozess monetärer Impulse wird an dieser Stelle außer Acht gelassen, dieser kann in den einschlägigen Lehrbüchern zur Geldtheorie bzw. Geldpolitik, z.B. Duwendag *et al.* (1999) oder Holtemöller (2008), nachvollzogen werden. In Abbildung 3 wird die Erhöhung der Geldmenge *M* durch eine Verschiebung der *LM*-Kurve nach unten dargestellt. Der „alten" realen Geldnachfrage steht nun ein erhöhtes reales Geld-

[15] Dies kann wieder mithilfe der Gleichungen (1.8) und (1.9) ermittelt werden.

angebot gegenüber. Es muss zu einem Ausgleich auf dem Geldmarkt kommen: Die Wirtschaftssubjekte legen ihr „neues" Geld in Wertpapieren an. Dadurch steigen die Wertpapierkurse und die Zinsen sinken. Dieser Effekt begünstigt die private Investitionsgüternachfrage. Damit steigen die gesamtwirtschaftliche Nachfrage, die Produktion und das Einkommen. In Abbildung 3 wird dies durch eine Bewegung auf der *IS*-Kurve veranschaulicht. Die Einkommenserhöhung wirkt der Zinssenkung entgegen (vgl. Punkt *A'* mit *B*). Auf dem Geld-, Güter- und Finanzmarkt herrscht wieder ein Gleichgewichtszustand (Punkt *B*).

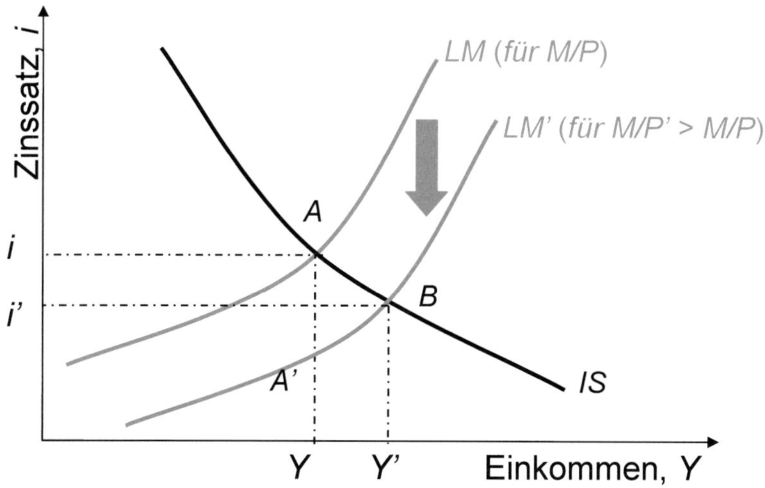

Abbildung 3 Expansive Geldpolitik.

1.4. Schocks

Im Folgenden soll kurz auf Schocks auf dem Güter- bzw. Geldmarkt eingegangen werden. Dazu werden die Gleichungen (1.4) und (1.5) um die Störgrößen x^D und x^M erweitert:

IS-Gleichung:
$$Y = C\left(\underset{+}{Y}, \underset{-}{T}\right) + I\left(\underset{+}{Y}, \underset{-}{i}\right) + G + x^D, \tag{1.10}$$

LM-Gleichung:
$$M = Y \cdot L(i) + x^M, \tag{1.11}$$

wobei x^D einen Gütermarktschock und x^M einen Geldmarktschock beschreibt. Im bisherigen Modellrahmen konnten diese Störgrößen mit null angenommen werden, $x^D = x^M = 0$.

Formal ergeben sich bei einem Schock auf dem Gütermarkt für die endogenen Größen Y und i:

$$\frac{dY}{dx^D} = \frac{YL_i'}{D} = \frac{-}{-} > 0,$$

$$\frac{di}{dx^D} = \frac{-L(i)}{D} = \frac{-}{-} > 0.$$

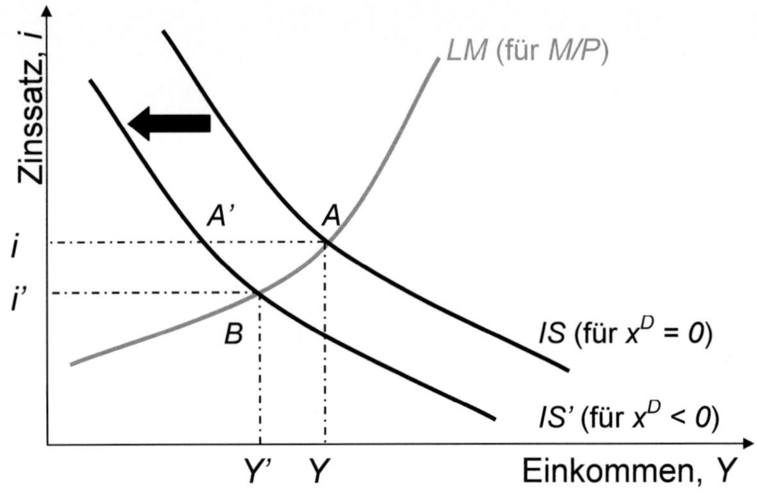

Abbildung 4 Negativer Gütermarktschock.

Abbildung 4 veranschaulicht einen negativen Schock auf dem Gütermarkt, d.h. einen Einbruch der Güternachfrage, z.B. infolge rückläufigen Konsumentenvertrauens. Es kommt zu einem Einbruch des Bruttoinlandsproduktes und zu einer Zinssenkung. Der Staat kann diesem Nachfrageeinbruch durch expansive Fiskalpolitik entgegenwirken. Die Zentralbank kann durch expansive Geldpolitik den Output stabilisieren, allerdings könnte durch die Zinssenkung in der mittleren Frist Inflation entstehen.

Für einen Schock auf dem Geld- und Finanzmarkt ergeben sich formal für die beiden endogenen Größen:

$$\frac{dY}{dx^M} = \frac{-I_i'}{D} = \frac{+}{-} < 0,$$

$$\frac{di}{dx^M} = \frac{-\left(1 - C_Y' - I_Y'\right)}{D} = \frac{-}{-} > 0.$$

Abbildung 5 stellt einen Schock auf dem Geldmarkt dar, bei dem die Geldnachfrage plötzlich ansteigt, zum Beispiel aus Angst vor einem Krieg oder wie infolge der Terroranschläge vom 11. September 2001. Die Wirtschaftssubjekte verkaufen ihre Wertpapiere, wodurch deren Kurse sinken und die Zinsen ansteigen. Der Zinsanstieg verteuert Kredite, womit Investitionen sinken und folglich gesamtwirtschaftliche Nachfrage und Einkommen sinken. Die Zentralbank kann auf diesen Schock mit expansiver Geldpolitik reagieren, was den Output und den Zinssatz stabilisieren kann. Expansive Fiskalpolitik kann zwar den Output stabilisieren, führt jedoch zu einer weiteren Zinssteigerung.

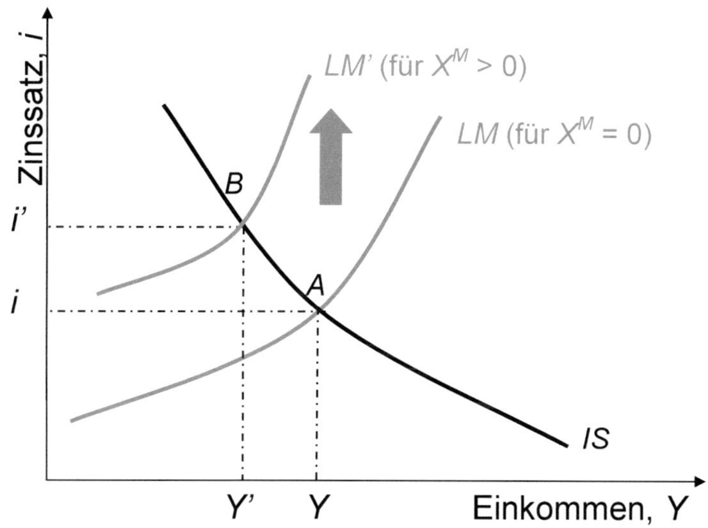

Abbildung 5 Geldmarktschock.

1.5. Kombinierte Geld- und Fiskalpolitik

Geld- und Fiskalpolitik kann natürlich auch kombiniert eingesetzt werden. Ein prominentes Beispiel ist die deutsche Wiedervereinigung, bei welcher der Staat die Ausgaben erhöhte (expansive Fiskalpolitik) und die Zentralbank die Geldmenge senkte (restriktive Geldpolitik). Beim kombinierten Einsatz können vier Fälle betrachtet werden:

1. **Expansive Geld- und Fiskalpolitik:** Damit wächst die Wirtschaft, der Effekt auf den Zins ist jedoch unklar.
2. **Restriktive Geld- und Fiskalpolitik** senkt den Output, der Effekt auf den Zinssatz bleibt unbestimmt.
3. **Expansive Geldpolitik und restriktive Fiskalpolitik:** Der Effekt auf den Output bleibt unbestimmt, die Zinsen sinken jedoch.
4. **Restriktive Geldpolitik und expansive Fiskalpolitik:** Auch in diesem Fall ist die Wirkung auf den Output unbestimmt, der Zinsanstieg dagegen gewiss.

Die genaue Wirkung kombinierter Maßnahmen auf die „ungewissen" Größen hängt von den Modellspezifikationen, z.B. das Vorhandensein einer Investitions- oder Liquiditätsfalle, und den Elastizitäten ab.

1.6. Fazit

Der dargestellte Modellansatz kann für eine Volkswirtschaft ohne internationale Kapitalmobilität herangezogen werden. Geld- und Fiskalpolitik haben in diesem Modellrahmen eine reale Wirkung auf den Output. Schocks auf dem Geld- und Gütermarkt können durch geld- oder fiskalpolitische Maßnahmen eingedämmt werden.

	M	G	T	x^D	x^M
Output Y	+	+	-	+	-

Tabelle 1 Ergebnisübersicht Kapitel 1.
Wirkung auf den Output Y (endogen) bei Veränderung bestimmter exogener Größen.

2 Mundell-Fleming-Modell: kleine offene Volkswirtschaft

Wurde in der bisherigen Darstellung von einer Volkswirtschaft ohne internationale Kapitalmobilität ausgegangen, so soll diese restriktive Annahme nunmehr gelockert werden, wobei zunächst eine *kleine offene* Volkswirtschaft betrachtet wird. „Offen" bedeutet, dass internationale Kapitalmobilität zugelassen wird, diese perfekt ist und keinen Restriktionen unterliegt. Aus der Annahme einer „kleinen" Volkswirtschaft resultiert, dass sich der inländische Zins dem Weltzinsniveau anpasst, wobei die kleine Volkswirtschaft selbst keinen Einfluss auf das Weltzinsniveau nehmen kann. Daher wird dem bisherigen Analyserahmen eine Gleichung für die Zinsparität hinzugefügt. Das Land muss sich ferner entscheiden, ob es seinen Wechselkurs floaten lässt, d.h. flexible Wechselkurse vorliegen, oder ob es eine feste Wechselkursparität zu einem Leitwährungsland festlegt.

2.1. Flexible Wechselkurse

Im Folgenden wird eine kleine offene Volkswirtschaft mit flexiblen Wechselkursen betrachtet. Damit stellt sich der Wechselkurs endogen durch Marktbewegungen ein. Die Gütermarktgleichung (1.5) wird um die Nettoexporte *NX* ergänzt:

IS-Gleichung: $$Y = C\Big(\underset{+}{Y},\underset{-}{T}\Big) + I\Big(\underset{+}{Y},\underset{-}{i}\Big) + G + NX\Big(\underset{-}{Y},\underset{+}{Y^*},\underset{-}{E}\Big). \tag{2.1}$$

Die Nettoexporte *NX* sind negativ vom realen Wechselkurs ε abhängig. Der reale Wechselkurs ε sei definiert als $\varepsilon = EP/P^*$. Es wird sowohl für Inland als auch für Ausland ein konstantes Preisniveau unterstellt, welches jeweils auf eins normiert wird, damit ergibt sich $\varepsilon = E$, was in der *IS*-Gleichung Berücksichtigung finden kann.[16]

[16] Der nominale Wechselkurs *E* wird Blanchard (2008) folgend in der *Mengennotierung* dargestellt. Ein Anstieg des Wechselkurses *E* meint folglich eine Aufwertung der inländischen Währung gegenüber einer ausländischen Währung. Ein Anstieg des realen Wechselkurses ε bezeichnet folglich auch eine reale Aufwertung. Für die gesamten folgenden Betrachtungen wird die Gültigkeit der Marshall-Lerner-Bedingung unterstellt, d.h. eine Abwertung der inländischen Währung führt zu einem Anstieg der Nettoexporte bzw. lässt eine reale Aufwertung die Nettoexporte der betrachteten Volkswirtschaft sinken.

Box 3: Marshall-Lerner-Bedingung

Kommt es zu einer Abwertung der inländischen Währung, nehmen die Nettoexporte des betrachteten Landes zu. Einerseits nehmen die Exporte zu, da eine Abwertung inländische Güter für das Ausland günstiger macht und die Importe sinken, da ausländische Güter teurer geworden sind. Dies ist der Mengeneffekt der Abwertung. Andererseits tritt ein Preiseffekt ein: Importierte Güter verteuern sich preislich; dies tritt ein, wenn bereits vor der Abwertung Lieferverträge geschlossen wurden. Insgesamt steigen die Nettoexporte infolge einer Abwertung, wenn der Mengeneffekt den Preiseffekt überwiegt oder technisch ausgedrückt, wenn die Summe der Export- und Importnachfrageelastizitäten betragsmäßig größer als eins sind. Zur ausführlichen Herleitung siehe u.a. Blanchard/Illing (2009) oder Moritz/Stadtmann (2010).

Für den Geldmarkt gilt die bekannte Geldmarktgleichung (1.4):

LM-Gleichung: $$M = Y \cdot L\Big(\underset{-}{i}\Big). \qquad (2.2)$$

Da die Zentralbank nicht mit der Aufgabe betraut ist die Wechselkursparität zu sichern, kann sie wie bisher Geldpolitik betreiben. Allerdings hat ihr geldpolitisches Handeln Auswirkungen auf den Wechselkurs *E*. Für die kleine offene Volkswirtschaft mit vollkommener Kapitalmobilität und **rationalen Wechselkursänderungserwartungen** gilt die Zinsparitätenbedingung:[17]

$$i = i^* . \qquad (2.3)$$

Diese Gleichung ergibt sich nicht *ad hoc*, sondern folgt aus der Theorie der Zinsparität $\left[1+i=\left(1+i^*\right)\cdot E/E_{t+1}^e\right]$, wobei angenommen wird, dass der zukünftige erwartete Wechselkurs E_{t+1}^e dem aktuellen Wechselkurs *E* entspricht $\left[E=E_{t+1}^e\right]$, also keine Wechselkursänderungserwartungen vorliegen. Genauso wird eine vollständige Homogenität in- und ausländischer Finanzaktiva angenommen, d.h. es besteht zwischen beiden Anlagen kein Risikounterschied. Weiterhin schließt die Gültigkeit der Zinsparität Arbitragegewinne aus der Wahl einer länderspezifischen Finanzanlage aus. Annahmegemäß wird eine kleine offene Volkswirtschaft betrachtet, die keinen Einfluss auf das ausländische Zinsniveau hat. Das Inland kann sich vom

[17] Diese Darstellungsweise verwendet u.a. auch Mankiw (2003).

Ausland Geld leihen oder dem Ausland selbst Geld leihen, ohne dass diese Transaktionen den Weltzins verändern würden. Der inländische Zinssatz wird unter diesen Annahmen vollständig durch das Ausland determiniert und ist damit exogen vorgegeben (vgl. u.a. Mankiw 2003).

Betrachtet werden zunächst Geld- und Fiskalpolitik. Das Preisniveau P bleibt konstant und wird auf eins normiert, das gilt ebenfalls für das ausländische Preisniveau: $P^* = 1$.[18] Da der Zinssatz durch den Weltmarkt bestimmt wird, ändert sich der Wechselkurs. Endogene Variablen sind Y und E. Es werden die Gleichungen (2.1) und (2.2) unter Berücksichtigung von (2.3) zur Analyse herangezogen:

IS-Gleichung: $$Y = C\Big(\underset{+}{Y},\underset{-}{T}\Big) + I\Big(\underset{+}{Y},\underset{-}{i^*}\Big) + G + NX\Big(\underset{-}{Y},\underset{+}{Y^*},\underset{-}{E}\Big), \tag{2.4}$$

LM-Gleichung: $$M = Y \cdot L\Big(\underset{-}{i^*}\Big). \tag{2.5}$$

Im Folgenden soll die Wirkung von Geld- und Fiskalpolitik auf die endogenen Größen Y und E untersucht werden. Dazu wird – wie bereits im ersten Kapitel beschrieben – vorgegangen:

1. Bildung des totalen Differenzials

$$dY = \left(C'_Y + I'_Y + NX'_Y\right)dY + C'_T dT + I'_{i*}di^* + dG + NX'_{Y*}dY^* + NX'_E dE$$

$$dM = L\left(i^*\right)dY + Y \cdot L'_{i*}di^*$$

2. Notierung in Matrixschreibweise

$$\begin{pmatrix} \left(1 - C'_Y - I'_Y - NX'_Y\right) & -NX'_E \\ L\left(i^*\right) & 0 \end{pmatrix} \cdot \begin{pmatrix} dY \\ dE \end{pmatrix} = \begin{pmatrix} dG + C'_T dT + I'_{i*}di^* + NX'_{Y*}dY^* \\ dM - Y \cdot L'_{i*}di^* \end{pmatrix} \tag{2.6}$$

18 Es gelten $P = P^* = 1$ und $dP = dP^* = 0$.

3. Bestimmung der Determinante der Koeffizientenmatrix

Somit ergibt sich für die Determinante der Koeffizientenmatrix auf der linken Seite von Gleichung (2.6):

$$D_{Flex} = L\left(i^*\right) \cdot NX'_E < 0\,. \tag{2.7}$$

Die Bestimmung der Änderung der beiden endogenen Größen Y und E infolge der Variation bestimmter exogener Größen erfolgt in den nächsten Abschnitten.

2.1.1. Fiskalpolitik

Formal ergeben sich unter Zuhilfenahme von Gleichung (2.6) und (2.7) für die Veränderung der Steuern:

$$\frac{dY}{dT} = \frac{0}{D_{Flex}} = 0\,,$$

$$\frac{dE}{dT} = \frac{-L\left(i^*\right) \cdot C'_T}{D_{Flex}} = \frac{+}{-} < 0$$

und für die Veränderung der Staatsausgaben:

$$\frac{dY}{dG} = \frac{0}{D_{Flex}} = 0\,,$$

$$\frac{dE}{dG} = \frac{-L\left(i^*\right)}{D_{Flex}} = \frac{-}{-} > 0\,.$$

<u>Erklärung</u>:

Fiskalpolitik ist in einer kleinen offenen Volkswirtschaft mit flexiblen Wechselkursen wirkungslos. Eine Steuererhöhung reduziert kurzfristig das Einkommen, womit der Zinssatz tendenziell sinkt (vgl. geschlossene Volkswirtschaft), jedoch führt diese Zinssenkung sofort zu einer Abwertung der heimischen Währung (E sinkt), da Kapital aus dem Inland ins Ausland transferiert wird. Diese Abwertung begünstigt allerdings die inländischen Nettoexporte, so dass ein Einbruch der gesamtwirtschaftlichen Nachfrage und Produktion ausbleibt.

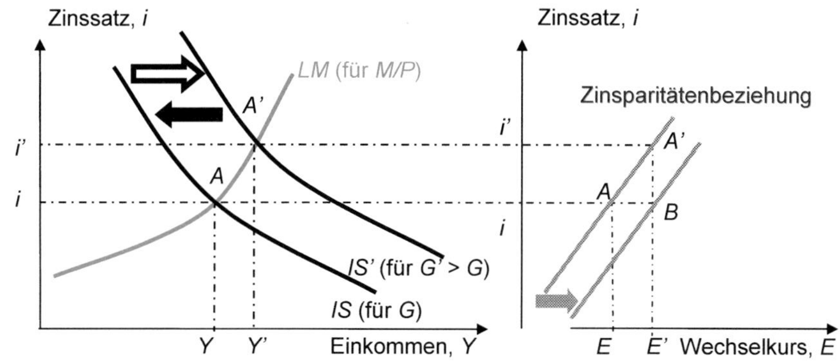

Abbildung 6 Expansive Fiskalpolitik.
Im Gleichgewicht stellt sich Punkt *A* ein. Eine Erhöhung der Staatsausgaben verdrängt die Nettoexporte, die *IS*-Kurve bewegt sich wieder zurück.

Ähnlich verhält es sich mit der Erhöhung der Staatsausgaben. Werden diese über Schulden finanziert, steigt der inländische Zinssatz tendenziell an und es kommt zu einer Aufwertung der inländischen Währung. Dieser Effekt erklärt die Reduzierung der Nettoexporte. Werden in der geschlossenen Volkswirtschaft private Investitionen durch die Zinserhöhung verdrängt, so werden in der kleinen offenen Volkswirtschaft die Nettoexporte verdrängt. Fiskalpolitik ist in einer kleinen offenen Volkswirtschaft, die ein System flexibler Wechselkurse aufweist, unwirksam.

Unter den getroffenen Annahmen ist eine simultane Änderung von Steuern und Staatsausgaben wirkungslos auf den Output.[19] Sollte eine Staatsausgabenerhöhung vollständig durch eine Steuererhöhung finanziert werden, kommt es zu einer Aufwertung der Währung, was die Nettoexporte sinken lässt und das Outputniveau nicht über das Ausgangsniveau steigen lässt. Wird die Staatsausgabenerhöhung vollständig über neue Schulden finanziert, erklärt dies den Zinsanstieg und die damit verbundene Aufwertung der Währung. Im Falle einer simultanen Staatsausgaben- und Steuererhöhung kommt es auf dem Gütermarkt zu zusätzlichen ökono-

[19] Formal kann dies gezeigt werden, indem $dG = dT$ angenommen wird und sich in der Analyse $dY/dG = 0$ und $dE/dG = (C_T' - 1) \cdot L(i^*)/D_{Flex} > 0$ ergeben.

mischen Aktivitäten, d.h. Tauschvorgängen, welche die Nachfrage nach Geld steigen lässt und somit den Aufwertungsdruck verursacht (siehe Box 1).

2.1.2. Geldpolitik

Formal ergeben sich für geldpolitische Maßnahmen in der kleinen offenen Volkswirtschaft:

$$\frac{dY}{dM} = \frac{NX'_E}{D_{Flex}} = \frac{-}{-} > 0,$$

$$\frac{dE}{dM} = \frac{\left(1 - C'_Y - I'_Y - NX'_Y\right)}{D_{Flex}} = \frac{+}{-} < 0.$$

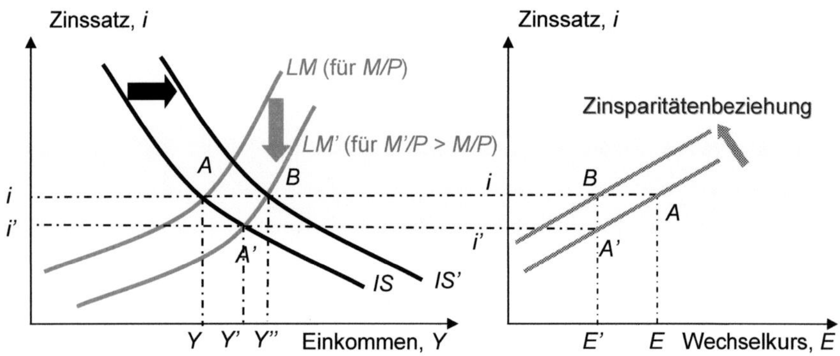

Abbildung 7 Expansive Geldpolitik.
Durch die Abwertung werden in der kleinen offenen Volkswirtschaft die Nettoexporte stimuliert, die *IS*-Kurve verschiebt sich nach rechts.

Erklärung:

Geldpolitik erweist sich in einer kleinen offenen Volkswirtschaft mit flexiblen Wechselkursen als äußerst wirkungsvoll. Eine Erhöhung der Geldmenge führt zu tendenziell fallenden Zinsen. Dies begünstigt einerseits private inländische Investitionen (Investitionskanal) und sorgt andererseits für eine Abwertung des Wechselkurses (Wechselkurskanal). Mithilfe der Abwertung steigen die Nettoexporte an. Dies erhöht die gesamtwirtschaftliche Nachfrage und damit Produktion und Einkommen.

2.1.3. Änderung des Welteinkommens

Formal ergeben sich für eine Änderung des Welteinkommens:

$$\frac{dY}{dY^*} = \frac{0}{D_{Flex}} = 0,$$

$$\frac{dE}{dY^*} = \frac{-L\left(i^*\right) \cdot NX'_{Y*}}{D_{Flex}} = \frac{-}{-} > 0.$$

Erhöht sich das Welteinkommen, werden mehr inländische Güter nachgefragt. Dem geht ein Anstieg der ausländischen Nachfrage nach inländischer Währung voraus, was zu einer Aufwertung der inländischen Währung führt. Die inländische Produktion bleibt durch die Änderung des Welteinkommens unverändert. Das System flexibler Wechselkurse sichert die inländische Produktion somit gegen Schwankungen der globalen Güternachfrage ab.

Die soeben vorgenommene Darstellung liefert ein weiteres interessantes Ergebnis: Handelspolitik, die auf eine Änderung der Nettoexporte abzielt, hat unter einem Regime flexibler Wechselkurse keine reale Wirkung (vgl. Mankiw 2003).

2.1.4. Änderung des Weltzinsniveaus

Formal ergibt sich aus einer Änderung des Weltzinsniveaus für die endogenen Größen Y und E unter Berücksichtigung von Gleichung (2.6) und (2.7):

$$\frac{dY}{di^*} = \frac{-YL'_{i*} \cdot NX'_E}{D_{Flex}} = \frac{-}{-} > 0,$$

$$\frac{dE}{di^*} = \frac{\left(1 - C'_Y - I'_Y - NX'_Y\right) \cdot \left(-YL'_{i*}\right) - L\left(i^*\right) \cdot I'_{i*}}{D_{Flex}} = \frac{+}{-} < 0.$$

Steigt das Weltzinsniveau, kommt es zu einer Abwertung der inländischen Währung. Dies begünstigt einen Anstieg der inländischen Nettoexporte, was die inländische Wirtschaft wachsen lässt.

2.1.5. Schocks

Im Folgenden sollen Störgrößen auf dem Güter- und Geldmarkt und deren Auswirkungen auf die endogenen Größen berücksichtigt werden. Die beiden Gleichungen (2.4) und (2.5) werden um die Störgrößen x^D (Schock auf dem Gütermarkt) und x^M (Schock auf dem Geldmarkt) ergänzt:[20]

IS-Gleichung: $$Y = C\left(\underset{+}{Y},\underset{-}{T}\right) + I\left(\underset{+}{Y},\underset{-}{i^*}\right) + G + NX\left(\underset{-}{Y},\underset{+}{Y^*},\underset{-}{E}\right) + x^D,$$

LM-Gleichung: $$M = Y \cdot L\left(i^*\right) + x^M.$$

Für Schocks x^D auf dem Gütermarkt ergeben sich für die endogenen Größen:

$$\frac{dY}{dx^D} = \frac{0}{D_{Flex}} = 0,$$

$$\frac{dE}{dx^D} = \frac{-L\left(i^*\right)}{D_{Flex}} = \frac{-}{-} > 0.$$

Schocks auf dem Gütermarkt entfalten keine reale Wirkung auf den Output. Bricht beispielsweise die inländische Güternachfrage ein, so wertet die inländische Währung ab, wodurch die Nettoexporte ansteigen und der Wachstumseinbruch kompensiert werden kann. Der Wechselkurs wirkt hierbei als „Schockabsorber".

Für Schocks x^M auf dem Geld- und Finanzmarkt ergeben sich für die endogenen Größen:

$$\frac{dY}{dx^M} = \frac{-NX'_E}{D_{Flex}} = \frac{+}{-} < 0,$$

$$\frac{dE}{dx^M} = \frac{-\left(1 - C'_Y - I'_Y - NX'_Y\right)}{D_{Flex}} = \frac{-}{-} > 0.$$

[20] Es kann sich sowohl um positive als auch um negative Schocks handeln.

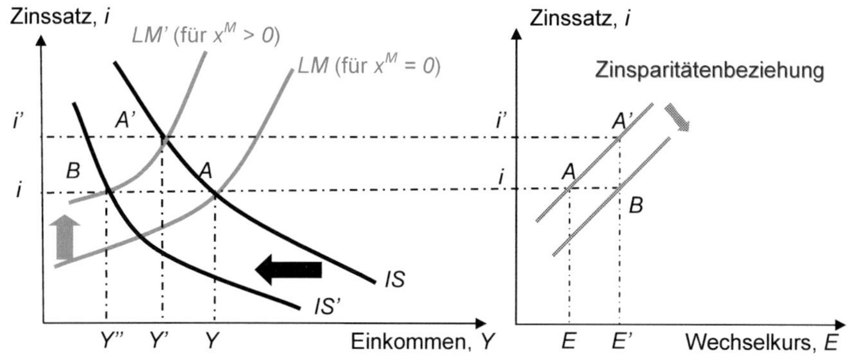

Abbildung 8 Geldmarktschock in der offenen Volkswirtschaft.

Schocks auf dem Finanzmarkt können hingegen eine reale Wirkung entfalten. Ein plötzlicher Anstieg der Geldnachfrage wie beispielsweise im Rahmen der Finanzkrise 2008 lässt die Wertpapierkurse sinken, womit die Zinsen steigen, was zu einer Aufwertung der Währung führt. Letzteres bringt einen Rückgang der Nettoexporte und folglich eine Verschärfung des Produktionseinbruches mit sich. Expansive Geldpolitik kann helfen, die in Abbildung 8 dargestellte Situation zu überwinden.

2.1.6. Kombinierte Geld- und Fiskalpolitik

Im Folgenden soll kurz der Einsatz kombinierter Geld- und Fiskalpolitik betrachtet werden:

1. **Expansive Geld- und Fiskalpolitik:** Die Wirtschaft wächst, der Effekt auf den Wechselkurs ist jedoch unklar.
2. **Restriktive Geld- und Fiskalpolitik:** Senkt den Output, der Effekt auf den Wechselkurs bleibt unbestimmt.
3. **Expansive Geldpolitik und restriktive Fiskalpolitik:** Die Währung wertet ab, der Output wächst.
4. **Restriktive Geldpolitik und expansive Fiskalpolitik:** Die Währung wertet auf, der Output schrumpft.

Blanchard (2008) veranschaulicht den kombinierten Einsatz von Geld- und Fiskalpolitik für die USA Anfang der 1980er Jahre, in welchem die Zentralbank eine **restriktive Geldpolitik** und der Staat eine **expansive Fiskalpolitik** betrieben. Für diese Entwicklung gibt es den folgenden Hintergrund: Die amerikanische Zentralbank verfolgte unter dem Zentralbankpräsidenten Paul Volcker einen restriktiven geldpolitischen Kurs, da Volcker die zu hohen Inflationsraten senken wollte. Auf der anderen Seite versprach sich Präsident Ronald Reagan durch eine Steuersenkung eine Stimulierung der Wirtschaft, die zu Wachstum und Steuermehreinnahmen führen würde, weshalb die Regierung eine expansive Fiskalpolitik präferierte. Die Kombination dieser beiden Maßnahmen führte zu einer Aufwertung des US-Dollars, welche mit einem Rückgang der Nettoexporte, sinkendem BIP und steigender Arbeitslosigkeit einherging. In der folgenden Box 4 wird erläutert, wie es zu diesem Ergebnis kam.

Box 4: Kombinierte Geld- und Fiskalpolitik in den USA

Es ist erstaunlich, warum die USA Anfang der 1980er Jahre diesen Politikmix (restriktive Geldpolitik/expansive Fiskalpolitik) wählten, obwohl sie durch eine andere Wahl (expansive Geldpolitik/restriktive Fiskalpolitik) ein für alle Spieler (Zentralbank/Kongress) besseres Ergebnis erzielen hätte können: Durch restriktive Fiskalpolitik wäre der Zins tendenziell gesunken und die Inflationsgefahr gebannt, während durch die expansive Geldpolitik der Zins ebenfalls niedrig gehalten worden wäre und es die Abwertung einen Anstieg der Nettoexporte und einen Anstieg des BIP bedingt hätte. Warum war dem nicht so? Die Erklärung liefert die Spieltheorie (Dixit/Nalebuff 1997), welche interdependente Entscheidungen zweier Spieler, in diesem Fall Zentralbank und Kongress, untersucht. Beide Spieler kennen das makroökonomische Modell und die sich daraus ergebenden Auszahlungen, haben jedoch unterschiedliche Präferenzen. Die Zentralbank präferiert restriktive Geld- und Fiskalpolitik, da dies die Inflationsgefahr in der Gegenwart und auch in der Zukunft bannt (vgl. dazu viertes Kapitel) und zielt somit ihre höchste Auszahlung (1). Da durch diese Maßnahme die Gefahr des wirtschaftlichen Einbruchs am größten ist (außerdem hat die Regierung in der Wahl expansive Fiskalpolitik versprochen), stellt diese Kombination für die Regierung das schlechteste Ergebnis (4) dar. Die Regierung erzielt dagegen den höchsten Nutzen (1), wenn es zu expansiver Geld- und Fiskalpolitik kommt, da dadurch die Wirtschaft wachsen kann. Für die Zentralbank dagegen bringt diese Kombination das schlechteste Ergebnis mit sich (4), da hier die Inflationsgefahr am größten ist. Im Fall von expansiver Geldpolitik und restriktiver Fiskalpolitik, sinkt der Zins, die Währung wertet ab und die Wirtschaft wächst, womit beide Spieler ihr zweitbestes Ergebnis (jeweils 2) erzielen, da einerseits die Inflationsgefahr reduziert wurde und andererseits Wachstumsimpulse gegeben werden. Dagegen bringt die Kombination aus restriktiver Geld- und expansiver Fiskalpolitik für beide Spieler eine Auszahlung von 3, da zwar jeder

Spieler seine präferierte Strategie wählt, aber es zu einem wirtschaftlichen Einbruch kommt. Die folgende Auszahlungsmatrix fasst die Strategien und die Auszahlungen zusammen:

Politik der Zentralbank	**Politik der Regierung** *expansiv*	*restriktiv*
expansiv	**(4; 1)**	**(2; 2)**
restriktiv	**(3; 3)***	**(1; 4)**

Tabelle 2 Auszahlungsmatrix, kombinierte Geld- und Fiskalpolitik.

In Tabelle 2 wird die Spielsituation eines Gefangenendilemmas deutlich: Beide Spieler könnten ihr jeweils zweitbestes Ergebnis (expansive Geldpolitik/restriktive Fiskalpolitik) erzielen, wenn sie sich glaubwürdig darauf verständigen könnten und an diesem Ergebnis festhalten würden. Dies ist schwer durchzuhalten, da durch einseitiges Abweichen der abweichende Spieler sein bestes Ergebnis erzielen könnte. Beide Spieler wählen ihre dominante Strategie und landen im Nash-Gleichgewicht (3; 3), bei dem beide Spieler ihr jeweils drittbestes Ergebnis erzielen. Die ökonomischen Folgen dieser interdependenten Entscheidung wurden im Text mithilfe des Mundell-Fleming-Modells aufgezeigt.

2.1.7. Erhöhung der Risikoprämie

In den vorgestellten Modellrahmen kann eine Risikoprämie ρ für Finanzanlagen integriert werden. Der inländische Zinssatz liegt damit über dem Weltzinsniveau. Die Finanzanlagen sind folglich nicht mehr homogen und die Investoren berücksichtigen die Risikounterschiede, indem sie unterschiedliche Renditen verlangen. Die Arbitrageprozesse auf dem Finanzmarkt finden solange statt, bis $i = i^* + \rho$ gilt. Der erwartete zukünftige Wechselkurs entspricht wieder dem aktuellen Wechselkurs. Endogene Größen sind der Wechselkurs *E* und das Volkseinkommen *Y*. Das Modell stellt sich formal wie folgt dar:

IS-Gleichung: $$Y = C\left(\underset{+}{Y}, \underset{-}{T}\right) + I\left(\underset{+}{Y}, \underset{-}{i^* + \rho}\right) + G + NX\left(\underset{-}{Y}, \underset{+}{Y^*}, \underset{-}{E}\right), \quad (2.8)$$

LM-Gleichung: $$M = Y \cdot L\left(\underset{-}{i^* + \rho}\right). \quad (2.9)$$

Für die Änderungen der endogenen Größen ergeben sich bei einer Änderung der Risikoprämie ρ formal:

$$\frac{dY}{d\rho} = \frac{-YL'_{\rho} \cdot NX'_{E}}{D_{Flex}} = \frac{-}{-} > 0,$$

$$\frac{dE}{d\rho} = \frac{-(1-C'_Y - I'_Y - NX'_Y)\cdot(YL'_{\rho}) - L(i^* + \rho)\cdot I'_{\rho}}{D_{Flex}} = \frac{+}{-} < 0.$$

Steigt das Risiko von Finanzanlagen in dem betrachteten Land an, verkaufen die Investoren ihre inländischen Wertpapiere, wodurch deren Kurse sinken und die Zinsen steigen. Weiterhin wird Kapital ins Ausland transferiert, wodurch die inländische Währung abwertet. Diese Abwertung begünstigt die Nettoexporte des Landes und die Wirtschaft wächst. Der Zinsanstieg muss genau der Erhöhung der Risikoprämie entsprechen. Nach der Neuausrichtung des Finanzportfolios sind die Investoren wieder indifferent zwischen in- und ausländischen Finanzanlagen, es gilt die Indifferenzbedingung $i = i^* + \rho$.

Diskussion:
Eine Erhöhung der Risikoprämie kann im dargestellten Modell positive Wachstumseffekte entfalten, allerdings lässt der Zinsanstieg auch die inländische Investitionsgüternachfrage sinken: Der Nachfrageanstieg aus dem Ausland muss folglich entsprechend groß ausfallen um den Rückgang der Investitionsgüternachfrage zu kompensieren.

2.2. Feste Wechselkurse

Im folgenden Abschnitt werden die bisherigen Modellannahmen beibehalten, lediglich die Art des Wechselkursregimes ändert sich. Statt flexibler Wechselkurse wird ein System fester Wechselkurse angenommen. Der Zentralbank des betrachteten kleinen Landes obliegt die Verteidigung der politisch festgelegten Wechselkursparität. Das Ausland, an dessen Währung das Inland seine Währung bindet, ist in der Gestaltung seiner Geldpolitik autonom. Das bisherige Gleichungssystem in Matrixschreibweise verändert sich damit zu:

$$\begin{pmatrix} (1-C'_Y - I'_Y - NX'_Y) & 0 \\ -L(i^*) & 1 \end{pmatrix} \cdot \begin{pmatrix} dY \\ dM \end{pmatrix} = \begin{pmatrix} dG + C'_T dT + I'_{i*} di^* + NX'_{Y*} dY^* \\ Y \cdot L'_{i*} di^* \end{pmatrix}. \quad (2.10)$$

Endogene Größen sind das Volkseinkommen Y und die inländische Geldmenge M, da die Zentralbank die Wechselkursparität verteidigen muss und sich folglich eine Geldmenge einstellen muss, die mit der gewählten Wechselkursparität kompatibel ist. Von Änderungserwartungen hinsichtlich der Wechselkursparität wird abgesehen, es gilt $d\overline{E} = 0$.

Die Determinante der Koeffizientenmatrix auf der linken Seite von (2.10) lässt sich folgendermaßen darstellen:

$$D_{Fix} = \left(1 - C'_Y - I'_Y - NX'_Y\right) > 0 . \tag{2.11}$$

2.2.1. Fiskalpolitik

Formal ergeben sich mithilfe von (2.10) und (2.11) die folgenden Änderungen der beiden endogenen Größen Y und M unter fiskalpolitischen Maßnahmen:

$$\frac{dY}{dG} = \frac{1}{D_{Fix}} = \frac{+}{+} > 0 ,$$

$$\frac{dM}{dG} = \frac{L\left(i^*\right)}{D_{Fix}} = \frac{+}{+} > 0 .$$

Für eine Änderung der Besteuerung ergeben sich die gleichen Vorzeichen wie in den beiden oben dargestellten Gleichungen.

<u>Erklärung:</u>

In einer kleinen offenen Volkswirtschaft mit festem Wechselkursregime ist Fiskalpolitik äußerst wirksam. In den bisher betrachteten Fällen (keine internationale Kapitalmobilität oder flexible Wechselkurse) führte eine Erhöhung der Staatsausgaben zu steigenden Zinsen und einem Aufwertungsdruck. Diese Effekte würden tendenziell auch in einer Volkswirtschaft mit Fixkursregime und vollständiger internationaler Kapitalmobilität stattfinden. Jedoch muss die Zentralbank die Aufwertung der inländischen Währung verhindern um die festgelegte Wechselkursparität aufrecht zu erhalten. Es findet eine Übernachfrage ausländischer Anleger nach inländischer Währung statt. Diese Übernachfrage kann die Zentralbank befriedigen, indem sie inländisches Geld druckt; damit steigt die inländische Geldmenge und die Devisenreservebestände der Zentralbank nehmen zu. Durch die Erhöhung der inländischen Geldmenge wird der

Zinserhöhung entgegengewirkt; die Zinsen sinken wieder bis zum Ausgangsniveau, zu dem Zinsparität herrschte. Die Fiskalpolitik ist unter festen Wechselkursen deshalb so wirkungsvoll, weil sie indirekt von der entsprechenden geldpolitischen Maßnahme flankiert wird. Eine Steuererhöhung oder eine Reduzierung der Staatsausgaben geht somit faktisch auch mit einer restriktiven Geldpolitik (der Abwertungsdruck der Währung wird durch Reduktion der Geldmenge und der Devisenreserven verhindert) einher, was die Wirtschaft entsprechend stark schrumpfen lässt.

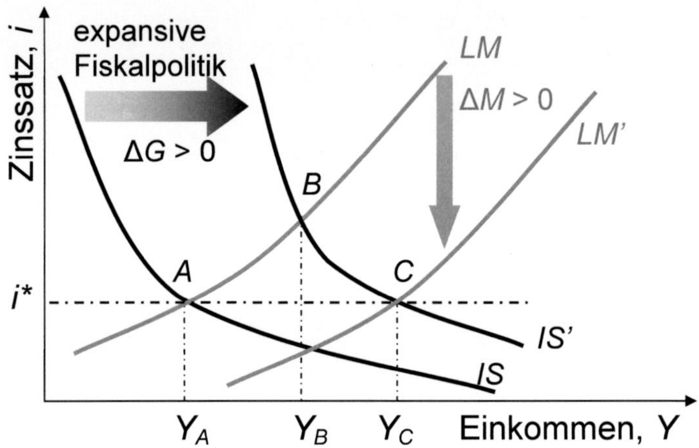

Abbildung 9 Expansive Fiskalpolitik unter festen Wechselkursen.

2.2.2. Änderung des Welteinkommens

Formal ergeben sich mithilfe von (2.10) und (2.11) für eine Änderung des Welteinkommens:

$$\frac{dY}{dY^*} = \frac{NX'_{Y*}}{D_{Fix}} = \frac{+}{+} > 0\,,$$

$$\frac{dM}{dY^*} = \frac{L\left(i^*\right) \cdot NX'_{Y*}}{D_{Fix}} = \frac{+}{+} > 0\,.$$

Erhöht sich das Welteinkommen, werden mehr inländische Güter nachgefragt. Dies erhöht die Nachfrage nach inländischer Währung und würde zu einer Aufwertung führen. Da die Zentralbank jedoch die Wechselkursparität fixieren muss, kauft sie die angebotenen Devisen auf und gibt inländisches Geld in den Markt. Die Zentralbankbilanz verlängert sich um den entsprechenden Betrag. Da inländische Güter für das Ausland nicht teuerer werden, folgt aus der Nachfrageerhöhung ein Anstieg der Produktion.[21]

Allerdings würde die inländische Volkswirtschaft auch von einem Einbruch der Weltkonjunktur getroffen werden: Das Wechselkurssystem kann die inländische Wirtschaft vor einem solchen Einbruch nicht schützen.

2.2.3. Änderung des Weltzinsniveaus

Für eine Änderung des Weltzinsniveaus ergeben sich formal folgende Änderungen der endogenen Größen:

$$\frac{dY}{di^*} = \frac{I'_{i^*}}{D_{Fix}} = \frac{-}{+} < 0,$$

$$\frac{dM}{di^*} = \frac{\left(1 - C'_Y - I'_Y - NX'_Y\right) \cdot \left(YL'_{i^*}\right) + L\left(i^*\right) \cdot I'_{i^*}}{D_{Fix}} = \frac{-}{+} < 0.$$

Ein Anstieg des Weltzinsniveaus verschafft dem Inland einen Zinsnachteil, in dessen Folge Kapitel aus dem Inland ins Ausland strömt, womit es tendenziell zu Abwertungsdruck der inländischen Währung kommt. Die Zentralbank verhindert diese Abwertung, indem sie Devisen verkauft, was die inländische Geldmenge reduziert und die Zentralbankbilanz verkürzt. Durch den Abfluss inländischen Kapitals sinken die inländischen Wertpapierkurse und die inländischen Zinsen steigen bis sie das neue internationale Zinsniveau erreicht haben. Der Zinsanstieg verteuert die Investitionen, was die Investitionsgüternachfrage und folglich die gesamtwirtschaftliche Nachfrage und Produktion sinken lässt.

[21] Der Preis für inländische Güter erhöht sich auch für Ausländer nicht, da inländische Güterpreise rigide sind und eine Nachfragesteigerung zu einer Angebotsausweitung führt. Weiterhin bleibt der nominale Wechselkurs konstant, so dass Ausländer trotz steigender Nachfrage nicht mehr für inländische Güter zahlen müssen. Die zusätzliche Güternachfrage führt zu einer Produktions- und Einkommensausweitung, die monetär durch die Ausdehnung der Geldmenge alimentiert ist.

2.2.4. Geldpolitik

Geldpolitik ist unter einem Regime fester Wechselkurse nicht möglich. Sollte die Zentralbank dennoch versuchen Geldpolitik zu betreiben, führt dies lediglich zu einem Tausch auf der Aktivseite der Zentralbankbilanz (inländische Aktiva gegen Währungsreserven, also ausländische Aktiva), d.h. bei expansiver Geldpolitik verliert diese lediglich Devisenreserven.

2.2.5. Schocks

Für die Berücksichtigung von Schock auf dem Güter- oder Geldmarkt können die jeweiligen Gleichungen um die entsprechenden Störterme ergänzt werden:

IS-Gleichung:
$$Y = C\left(\underset{+}{Y},\underset{-}{T}\right) + I\left(\underset{+}{Y},\underset{-}{i^*}\right) + G + NX\left(\underset{-}{Y},\underset{+}{Y^*},\underset{-}{E}\right) + x^D,$$

LM-Gleichung:
$$M = Y \cdot L\left(\underset{-}{i^*}\right) + x^M.$$

Für Schocks x^D auf dem Gütermarkt ergeben sich für die endogenen Größen:

$$\frac{dY}{dx^D} = \frac{1}{D_{Fix}} = \frac{+}{+} > 0,$$

$$\frac{dM}{dx^D} = \frac{L\left(i^*\right)}{D_{Fix}} = \frac{+}{+} > 0.$$

Schocks auf dem Gütermarkt entwickeln in einem System fester Wechselkurse eine reale Wirkung auf den Output. Ein überraschender Einbruch der inländischen Güternachfrage lässt Output und Einkommen sinken. Dadurch sinkt beispielsweise die Nachfrage nach Krediten, was die Zinsen sinken lässt. Letzteres bewirkt eine Kapitalflucht aus dem Inland, welche mit Abwertungsdruck einhergeht. Dieser Abwertung muss die Zentralbank begegnen, indem sie die Devisennachfrage befriedigt und dafür Geld aus dem Markt heraus nimmt, infolgedessen sinkt die inländische Geldmenge, was den inländischen Zinssatz wieder bis zum Weltzinsniveau ansteigen lässt. Der Wechselkurs steht im System fester Wechselkurse nicht mehr als „Schockabsorber" zur Verfügung.

Für Schocks x^M auf dem Geld- und Finanzmarkt ergeben sich für die endogenen Größen:

$$\frac{dY}{dx^M} = \frac{0}{D_{Fix}} = 0,$$

$$\frac{dM}{dx^M} = \frac{\left(1 - C'_Y - I'_Y - NX'_Y\right)}{D_{Fix}} = \frac{\left(1 - C'_Y - I'_Y - NX'_Y\right)}{\left(1 - C'_Y - I'_Y - NX'_Y\right)} = 1.$$

Schocks auf dem Geld- und Finanzmarkt entfalten in einem System fester Wechselkurse keine Outputwirkung. Kommt es beispielsweise zu einem Anstieg der Geldnachfrage, in deren Folge die Zinsen steigen, würde es zu einem Kapitalzustrom ins Inland, einhergehend mit Aufwertungsdruck, kommen. Die Zentralbank bremst durch die Verteidigung der Wechselkursparität diesen Aufwertungsdruck, indem sie Devisen ankauft, d.h. Geld in den Markt gibt. Durch diese Maßnahme sinken die Zinsen wieder bis zum Weltzinsniveau, was einen Einbruch der Investitionsgüternachfrage verhindert.

2.2.6. Erhöhung der Risikoprämie

In einer Volkswirtschaft mit fester Wechselkursparität kann sich die Risikoprämie für inländische Finanzanlagen erhöhen. Formal ändern sich die *IS*- und *LM*-Gleichungen wie bereits in (2.8) und (2.9) dargestellt. Formal ergibt sich für die Änderungen der endogenen Größen:

$$\frac{dY}{d\rho} = \frac{I'_\rho}{D_{Fest}} = \frac{-}{+} < 0,$$

$$\frac{dM}{d\rho} = \frac{\left(1 - C'_Y - I'_Y - NX'_Y\right) \cdot \left(YL'_\rho\right) + L\left(i^* + \rho\right) \cdot I'_\rho}{D_{Fest}} = \frac{-}{+} < 0.$$

Eine Erhöhung der Risikoprämie unter festen Wechselkursen führt zu einem Rückgang des Volkseinkommens. Verlangen Investoren eine höhere Risikoprämie für inländische Finanzanlagen, verkaufen sie inländische Wertpapiere, wodurch der inländische Zinssatz um den Risikoaufschlag zunimmt. Gleichzeitig verkaufen die Investoren die inländische Währung und tauschen diese gegen Devisen ein. Da die Zentralbank die feste Wechselkursparität verteidigt, gibt sie Devisen in den Markt und hat folglich einen Devisenabfluss, womit sich die Geldmenge verknappt. Die Geldmenge sinkt so weit, bis sie mit dem gestiegenen Zins, $i^* + \rho$, kompatibel ist. Der gestiegene Zins lässt die Investitionsgüternachfrage zurückgehen, weshalb die Wirtschaft schrumpft.

2.3. Fazit

In folgender Tabelle sollen die Ergebnisse des vorausgegangenen Kapitels zusammengefasst werden, was die Vergleichbarkeit zur Analyse der geschlossenen Volkswirtschaft erleichtert.

Wechselkurs-system	G	M	Y^*	i^*	x^D	x^M	ρ
Flexibel	0	+	0	+	0	-	+
Fix	+		+	-	+	0	-
Geschlossene Volkswirtschaft	+	+			+	-	

Tabelle 3 Ergebnisübersicht Kapitel 2.
Wirkung auf den Output bei Veränderung bestimmter exogener Größen.

Die Wahl des Wechselkurssystems beeinflusst bei Kapitalmobilität die Wirkung exogener Größen auf den inländischen Output. In einem System flexibler Wechselkurse hat Fiskalpolitik keine Outputwirkung, wobei der flexible Wechselkurs vor internationalen Konjunktureinbrüchen schützt und als Absorber für Gütermarktschocks wirkt. Dagegen entfalten internationale Störungen auf dem Finanzmarkt bzw. Geldmarktschocks eine Wirkung auf den inländischen Output, die allerdings durch die Zentralbank kompensiert werden könnten.

In einem System fester Wechselkurse ist die inländische Wirtschaft nicht vor weltweiten Konjunktureinbrüchen geschützt. Durch das System fester Wechselkurse wird die Auswirkung von Geldmarktstörungen auf das BIP verhindert. In einem System flexibler Wechselkurse könnte die Zentralbank dieser Störung jedoch durch das Ergreifen adäquater Maßnahmen entgegenwirken.

Eine Erhöhung der Risikoprämie hat unter den verschiedenen Wechselkurssystemen ebenfalls unterschiedliche Wirkungen auf den Output: Während in einem System flexibler Wechselkurse die Wirtschaft infolge einer Abwertung wächst, sorgt die Erhöhung der Risikoprämie für einen Wachstumseinbruch in einer kleinen offenen Volkswirtschaft mit festen Wechselkursen.

3 Mundell-Fleming-Modell: große offene Volkswirtschaft

Die folgende Darstellung orientiert sich am Lehrbuch von Blanchard/Illing (2009) bzw. Blanchard (2008). Es wird zunächst eine Volkswirtschaft mit **flexiblen** Wechselkursen und vollständiger internationaler Kapitalmobilität betrachtet. Blanchard (2008) nimmt eine „große“ Volkswirtschaft an, d.h. der inländische Zins kann vom ausländischen Zinssatz abweichen, diese Tatsache wird mithilfe der Zinsparitätengleichung im Modell berücksichtigt. Dabei unterstellt Blanchard (2008) einen festen erwarteten Wechselkurs. In den bisherigen Ausführungen wurden rationale Wechselkurserwartungen angenommen, d.h. der zukünftige erwartete Wechselkurs entsprach dem aktuellen Wechselkurs $E_t = E_{t+1}^e$, womit sich für die Zinsparität $i = \overline{i}^*$ ergab. Blanchard (2008) geht jedoch davon aus, dass der zukünftige Wechselkurs zu einem Niveau zurückkehren muss, auf welchem die Kaufkraftparität erfüllt und der erwartete Wechselkurs unverändert bleibt. Würde der aktuelle Wechselkurs beispielsweise aufwerten, würden die Wirtschaftssubjekte eine Abwertung in der Zukunft erwarten, weshalb die Aufwertung nicht so stark ausfällt wie im bereits im zweiten Kapitel beschriebenen Modellrahmen.

3.1. Flexible Wechselkurse

Ausgangspunkt bilden wieder die drei Gleichungen für die Gleichgewichte auf dem Güter-, Geld- und Devisenmarkt:

IS-Gleichung: $$Y = C\Big(\underset{+}{Y},\underset{-}{T}\Big) + I\Big(\underset{+}{Y},\underset{-}{i}\Big) + G + NX\Big(\underset{-}{Y},\underset{+}{Y^*},\underset{-}{E}\Big), \tag{3.1}$$

LM-Gleichung: $$M = Y \cdot L\Big(\underset{-}{i}\Big), \tag{3.2}$$

wobei das Preisniveau *P* wieder als konstant und auf eins normiert angenommen wird und somit aus der Betrachtung entfällt. Die Zinsparitätenbedingung impliziert einen Zusammenhang zwischen den Zinssätzen und dem Wechselkurs. Der zukünftig erwartete Wechselkurs $\overline{E}_{t+1}^e$ wird als exogen gegeben und konstant angenommen:

Zinsparität: $$E=\frac{1+i}{1+i^{*}}\cdot\overline{E}^{e}.^{22} \tag{3.3}$$

Nach Bildung der totalen Differentiale aus (3.1) bis (3.3) und nach Umstellen ergibt sich folgende Matrixdarstellung mit den drei endogenen Größen Y, i und E:

$$\begin{pmatrix} \left(1-C_Y'-I_Y'-NX_Y'\right) & -I_i' & -NX_E' \\ L(i) & Y\cdot L_i' & 0 \\ 0 & 1 & -\left(1+i^{*}\right) \end{pmatrix}\cdot\begin{pmatrix} dY \\ di \\ dE \end{pmatrix}=\begin{pmatrix} dG+C_T'dT+NX_{Y*}'dY^{*} \\ dM \\ Edi^{*}-E\cdot\left(1+i^{*}\right)d\overline{E}^{e} \end{pmatrix}. \tag{3.4}$$

Das in- und ausländische Preisniveau wird als konstant angenommen und auf eins normiert. Ebenso sei der erwartete Wechselkurs $\overline{E}_{t+1}^{e}$ als eins angenommen. Damit ergibt sich für die Determinante der Koeffizientenmatrix in (3.4):

$$D_{Flex}=\left(-1+C_Y'+I_Y'+NX_Y'\right)\cdot\left(1+i^{*}\right)\cdot YL_i'-L(i)\cdot\left(I_i'+NX_E'+I_i'i^{*}\right)>0. \tag{3.5}$$

3.1.1. Fiskalpolitik

Formal ergibt sich für die Veränderung der Staatsausgaben für die endogenen Größen:

$$\frac{dY}{dG}=\frac{-\left(1+i^{*}\right)\cdot YL_i'}{D_{Flex}}=\frac{+}{+}>0,$$

$$\frac{di}{dG}=\frac{\left(1+i^{*}\right)\cdot L(i)}{D_{Flex}}=\frac{+}{+}>0,$$

$$\frac{dE}{dG}=\frac{L(i)}{D_{Flex}}=\frac{+}{+}>0.$$

<u>Erklärung</u>:

Expansive, schuldenfinanzierte Fiskalpolitik führt unter einem Regime flexibler Wechselkurse zu steigenden Zinsen, einem höheren volkswirtschaftlichen Einkommen und zu einer Auf-

[22] Durch Umstellen ergibt sich für die Gleichung der Zinsparität: $1+i=\left(1+i^{*}\right)\cdot E/\overline{E}^{e}$.

wertung der heimischen Währung. Im Gegensatz zur bisherigen Betrachtung ist die Fiskalpolitik in einer großen offenen Volkswirtschaft nicht völlig wirkungslos, sondern kann einen positiven Effekt auf das Einkommen ausüben. Die Aufwertung der Währung geht nicht so weit, dass der Rückgang der Nettoexporte den positiven Nachfrageeffekt vollständig kompensiert, da von einem konstanten zukünftigen Wechselkurs und somit einer zukünftigen Abwertung ausgegangen wird.

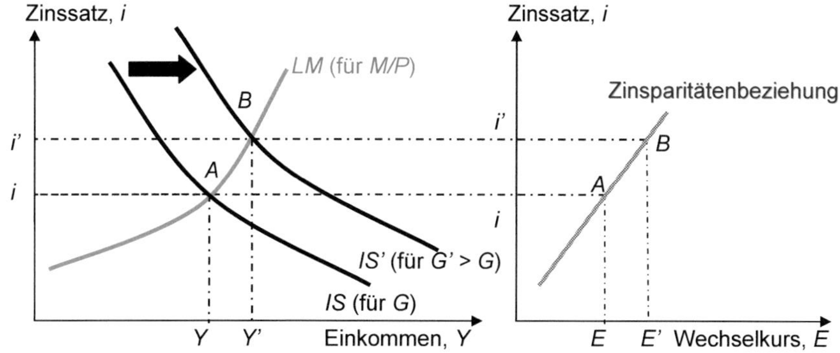

Abbildung 10 Expansive Fiskalpolitik in einer großen offenen Volkswirtschaft.

Für eine Änderung der Staatseinnahmen ergeben sich die umgekehrten Vorzeichen wie im besprochenen Fall der Staatsausgabenänderung.[23] Eine Steuererhöhung führt zu einer Zinssenkung, welche eine Abwertung der Währung mit sich bringt. Die Steuererhöhung senkt das verfügbare Einkommen und dämpft die gesamtwirtschaftliche Nachfrage, was den Output reduziert. Unter der Annahme rationaler Wechselkurserwartungen würde dieser Nachfrageausfall durch einen Anstieg der Nettoexporte infolge der Abwertung kompensiert werden. Dies ist unter den getroffenen Annahmen nicht der Fall, da die Wirtschaftssubjekte eine zukünftige Aufwertung erwarten.

Für eine vollständig durch Steuern finanzierte Staatsausgabenerhöhung ergeben sich die gleichen Vorzeichen wie in den oben dargestellten formalen Ausführungen, wobei die Multiplikatoren davon abhängen, wie stark der Konsum auf die Steuererhöhung reagiert.

[23] Es ergeben sich: $dY/dT = -C_T'\left(1+i^*\right)\cdot YL_i'/D_{Flex} = -/+ < 0$, $di/dT = C_T'\left(1+i^*\right)\cdot L(i)/D_{Flex} = -/+ < 0$ und $dE/dT = C_T' \cdot L(i)/D_{Flex} = -/+ < 0$.

3.1.2. Geldpolitik

Formal ergeben sich für geldpolitische Maßnahmen in einer Volkswirtschaft mit einem konstanten erwarteten zukünftigen Wechselkurs mithilfe der Gleichungen (3.4) und (3.5):

$$\frac{dY}{dM} = \frac{-I_i' - NX_E' - I_i' \cdot i^*}{D_{Flex}} = \frac{+}{+} > 0,$$

$$\frac{di}{dM} = \frac{\left(1+i^*\right)\cdot\left(C_Y' + I_Y' + NX_Y' - 1\right)}{D_{Flex}} = \frac{-}{+} < 0,$$

$$\frac{dE}{dM} = \frac{C_Y' + I_Y' + NX_Y' - 1}{D_{Flex}} = \frac{-}{+} < 0.$$

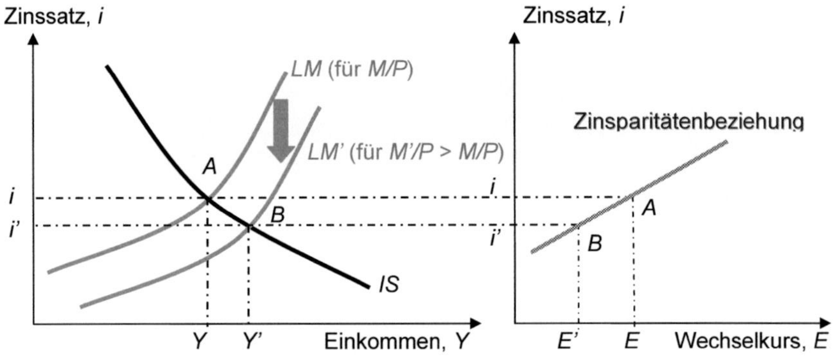

Abbildung 11 Expansive Geldpolitik in einer großen offenen Volkswirtschaft.

<u>Erklärung</u>:

Expansive Geldpolitik bringt eine Ausweitung der Geldmenge mit sich, die zu sinkenden Zinsen führt. Aufgrund der sinkenden Zinsen wird Kapital ins Ausland transferiert. Dadurch wertet die inländische Währung ab. Die volkswirtschaftliche Nachfrage steigt über zwei Kanäle: Über den Zinskanal mit zunehmenden Investitionen und über den Wechselkurskanal mit zunehmenden Nettoexporten.

3.1.3. Änderung des Welteinkommens

Für die Veränderung des Welteinkommens ergeben sich formal:

$$\frac{dY}{dY^*}=\frac{-NX'_{Y*}\left(1+i^*\right)\cdot YL'_i}{D_{Flex}}=\frac{+}{+}>0,$$

$$\frac{di}{dY^*}=\frac{NX'_{Y*}\cdot\left(1+i^*\right)\cdot L\left(i\right)}{D_{Flex}}=\frac{+}{+}>0,$$

$$\frac{dE}{dY^*}=\frac{NX'_{Y*}\cdot L\left(i\right)}{D_{Flex}}=\frac{+}{+}>0.$$

Erhöht sich das Welteinkommen, steigt die Nachfrage nach inländischen Gütern, was zu einer Aufwertung der inländischen Währung führt. Eine Erhöhung des Welteinkommens bringt eine Erhöhung des Weltzinsniveaus mit sich, was der Aufwertung entgegenwirkt. Ferner führt die Ausweitung der inländischen Produktion und des inländischen Einkommens zu einem Zinsanstieg, so dass nach Ablauf aller Anpassungsprozesse die Zinsparität wiederhergestellt ist.

Im Gegensatz zur Darstellung im vorherigen Kapitel wirkt der Wechselkurs hier nicht als „Schockabsorber“: Einbrüche der Weltkonjunktur können durch den Wechselkurs nicht abgefangen werden und übertragen sich auf die inländische Wirtschaft.

3.1.4. Änderung des Weltzinsniveaus

Formal ergeben sich für eine Änderung des Weltzinsniveaus für die endogenen Größen:

$$\frac{dY}{di^*}=\frac{NX'_E\cdot E\cdot YL'_i}{D_{Flex}}=\frac{+}{+}>0,$$

$$\frac{di}{di^*}=\frac{-NX'_E\cdot E\cdot L\left(i\right)}{D_{Flex}}=\frac{+}{+}>0,$$

$$\frac{dE}{di^*}=\frac{E\cdot\left[\left(1-C'_Y-I'_Y-NX'_Y\right)\cdot YL'_i+I'_i\cdot L\left(i\right)\right]}{D_{Flex}}=\frac{-}{+}<0.$$

Ein Anstieg des Weltzinsniveaus lässt Anleger ihr international ausgerichtetes Wertpapierportfolio umschichten: Es werden inländische Wertpapiere verkauft, wodurch die inländischen Kurse sinken und die inländischen Zinsen ansteigen. Durch die Kapitalflucht kommt es zu einer Abwertung der inländischen Währung. Letzteres begünstigt den Anstieg der Nettoexporte und damit einen Anstieg der Güternachfrage und der Produktion.

3.1.5. Schocks

Die Gleichungen für den Güter- und Geldmarkt werden um die jeweiligen Störgrößen ergänzt:

IS-Gleichung: $$Y = C\Big(\underset{+}{Y},\underset{-}{T}\Big) + I\Big(\underset{+}{Y},\underset{-}{i}\Big) + G + NX\Big(\underset{-}{Y},\underset{+}{Y^*},\underset{-}{E}\Big) + x^D,$$

LM-Gleichung: $$M = Y \cdot L\Big(\underset{-}{i}\Big) + x^M.$$

Für Schocks auf dem Gütermarkt ergeben sich für die endogenen Größen:

$$\frac{dY}{dx^D} = \frac{-\left(1+i^*\right)\cdot YL_i'}{D_{Flex}} = \frac{+}{+} > 0,$$

$$\frac{di}{dx^D} = \frac{\left(1+i^*\right)\cdot L(i)}{D_{Flex}} = \frac{+}{+} > 0,$$

$$\frac{dE}{dx^D} = \frac{L(i)}{D_{Flex}} = \frac{+}{+} > 0.$$

Unter den getroffenen Annahmen konstanter Wechselkurserwartungen entfalten Störungen auf dem Gütermarkt reale Wirkungen; der Wechselkurs steht nicht mehr als „Absorber“ zur Verfügung. Kommt es zu einem plötzlichen Einbruch der Güternachfrage, sinken die inländische Produktion und der inländische Zinssatz. Letzteres bewirkt eine Abwertung der inländischen Währung. Während in der Modellvariation, welche im zweiten Kapitel aufgezeigt wurde, die Abwertung so stark ist, dass ein Anstieg der Nettoexporte den Nachfrageeinbruch kompensiert, fällt die Abwertung in dieser Modellvariation nicht so stark aus, da mittelfristig wieder von einer Aufwertung ausgegangen wird.

Für Schocks auf dem Geld- und Finanzmarkt ergeben sich formal für die Änderung der endogenen Größen:

$$\frac{dY}{dx^M} = \frac{I_i' + NX_E' + I_i' \cdot i^*}{D_{Flex}} = \frac{-}{+} < 0,$$

$$\frac{di}{dx^M} = \frac{\left(1+i^*\right) \cdot \left(1 - C_Y' - I_Y' - NX_Y'\right)}{D_{Flex}} = \frac{+}{+} > 0,$$

$$\frac{dE}{dx^M} = \frac{1 - C_Y' - I_Y' - NX_Y'}{D_{Flex}} = \frac{+}{+} > 0.$$

Ein plötzlicher Anstieg der Liquiditätsnachfrage führt zu sinkenden Wertpapierkursen und damit zu einem Anstieg des Zinssatzes. Durch diesen Zinsanstieg strömt Kapital in die betrachtete Volkswirtschaft und es kommt zu einer Aufwertung der inländischen Währung. Die Wirtschaft schrumpft einerseits auf Grund der rückläufigen Investitionsgüternachfrage und andererseits infolge der Aufwertung, was die Nettoexporte sinken lässt. Expansive Geldpolitik kann dem Geldnachfrageschock entgegenwirken.

3.1.6. Änderung des erwarteten Wechselkurses

In den bisherigen Betrachtungen wurde ein konstanter erwarteter Wechselkurs unterstellt, d.h. die Wirtschaftssubjekte glaubten an Schwankungen des Wechselkurses um einen bestimmten Wert, welcher sich z.B. einstellt, wenn Kaufkraftparität auf dem Gütermarkt herrscht. Jedoch kann sich diese Erwartung an den künftigen Wechselkurs auch ändern. Damit ergeben sich zunächst formal für die endogenen Größen:

$$\frac{dY}{d\overline{E}^e} = \frac{-NX_E' \cdot E \cdot \left(1+i^*\right) \cdot YL_i'}{D_{Flex}} = \frac{-}{+} < 0,$$

$$\frac{di}{d\overline{E}^e} = \frac{NX_E' \cdot E \cdot \left(1+i^*\right) \cdot L(i)}{D_{Flex}} = \frac{-}{+} < 0,$$

$$\frac{dE}{d\bar{E}^e} = \frac{\left(1+i^*\right)\cdot E\cdot\left(C_Y' + I_Y' + NX_Y' - 1\right)\cdot YL_i' - I_i'\cdot L\left(i\right)}{D_{Flex}} = \frac{+}{+} > 0 .$$

Eine Abwertungserwartung, d.h. wenn $\bar{E}_{t+1}^e$ sinkt, lässt internationale Investoren ihr Finanzportfolio umschichten, d.h. sie verkaufen zunächst die Wertpapiere des betrachteten Landes, wodurch die Wertpapierkurse sinken und die Zinsen steigen. Letztere steigen so lange, bis die Zinsparität wieder erfüllt ist und die Investoren für die künftige Abwertung kompensiert werden. Gleichzeitig wird die inländische Währung verkauft, wodurch der Wechselkurs abwertet. Der Zinsanstieg lässt die Investitionsgüternachfrage sinken, wodurch das volkswirtschaftliche Einkommen sinkt.

3.1.7. Erhöhung der Risikoprämie

Für eine Änderung der Risikoprämie für Finanzanlagen in dem betrachteten Land ergeben sich formal folgende Änderungen der endogenen Größen:

$$\frac{dY}{d\rho} = \frac{NX_E' \cdot YL_i'}{D_{Flex}} = \frac{+}{+} > 0 ,$$

$$\frac{di}{d\rho} = \frac{-NX_E' \cdot L\left(i\right)}{D_{Flex}} = \frac{+}{+} > 0 ,$$

$$\frac{dE}{d\rho} = \frac{\left(1 - C_Y' - I_Y' - NX_Y'\right)\cdot YL_i' + I_i' \cdot L\left(i\right)}{D_{Flex}} = \frac{-}{+} < 0 .$$

Ein Anstieg der Risikoprämie ρ lässt internationale Investoren ebenfalls Anpassungen des Portfolios vornehmen, d.h. die Investoren verkaufen inländische Wertpapiere, wodurch deren Kurse fallen und deren Verzinsung steigt. Letztere steigt in dem Maß, bis die Investoren für das Risiko entschädigt sind. Ferner verkaufen die Investoren die inländische Währung und fragen Devisen nach, wodurch die heimische Währung abwertet. Diese Abwertung fällt allerdings so stark aus, dass die Nettoexporte ansteigen und die Wirtschaft wächst. Ein Anstieg der Risikoprämie kann durchaus eine positive Wirkung auf das Wachstum entfalten. Wird dagegen eine Abwertung der Währung erwartet, so hat dies negative Effekte auf die Wachstumsaussichten des Landes (siehe 3.1.6).

3.1.8. Einführung einer Devisentransaktionssteuer

In diesem Abschnitt wird die Wirkung der Einführung einer Devisentransaktionssteuer (*Tobin-Steuer*) auf die endogenen Größen *Y*, *E* und *i* betrachtet. Werden Devisentransaktionen besteuert, fallen bei deren Tausch und Rücktausch jeweils Steuern T_{Dev} an, womit sich die Gleichung der Zinsparität (3.3) ändert:

Zinsparität:
$$1+\frac{n}{12}i_t = \left(1+\frac{n}{12}i_t^*\right)\frac{E_t}{\overline{E}_{t+n}^e} - 2\cdot T_{Dev}. \qquad (3.6)$$

Box 5: Tobin-Steuer

Die Tobin-Steuer fällt beim Umtausch von heimischer Währung in Fremdwährung und bei deren Rücktausch an. Im vorliegenden Beispiel wurde ein fester Steuersatz angenommen, d.h. für eine Geldeinheit, die getauscht wird, fallen beispielsweise ein Prozent Steuern an. Die Steuer ist zweimal zu entrichten, einmal beim Kauf und einmal beim Verkauf der Devisen. Durch die Besteuerung wird die Rendite der ausländischen Finanzanlage für den inländischen Investor beeinflusst. Erzielt letzterer ohne Devisentransaktionssteuer zum Beispiel im Ausland eine höhere Rendite als im Inland, wird die Auslandsinvestition attraktiv. Unter Einbezug der Tobin-Steuer muss die ausländische Finanzanlage auch die Steuer mit „erwirtschaften", d.h. damit der Investor zwischen in- und ausländischer Finanzanlage indifferent ist, muss im Ausland eine höhere Rendite erzielt werden. Dabei muss der Zeithorizont beachtet werden: Die Tobin-Steuer macht kurzfristige Finanzanlagen im Ausland äußerst unattraktiv, da in einer kurzen Zeit die Transaktionssteuer „erwirtschaftet" werden muss. Je langfristiger die Finanzanlage im Ausland gehalten wird, desto geringer wirkt sich die Tobin-Steuer auf die Renditeunterschiede aus. Tabelle 4 unten verdeutlich diesen Zusammenhang:

i^*	n	i	T_{Dev}
0,12	12	0,1	0,01
0,14	6	0,1	0,01
0,34	1	0,1	0,01

Tabelle 4 Tobin-Steuer.

Es sei ein konstanter Devisenumsatzsteuersatz von einem Prozent erhoben und im Inland sei ein Zins von 10 % angenommen. Je kürzer der Anlagezeitraum in Monaten für ausländische

Finanzanlagen ausfällt, desto höher muss die Rendite im Ausland für diesen Zeitraum ausfallen, damit ein Investor zwischen in- und ausländischer Finanzanlage wieder indifferent ist.

Abbildung 12 veranschaulicht den Zusammenhang zwischen dem Zeitraum der Finanzanlage und der Rendite, die eine ausländische Finanzanlage erzielen muss. Der Zins im Inland sei mit zehn Prozent angenommen. Weiterhin wurden unterschiedliche Steuersätze betrachtet: Je höher der Steuersatz, desto länger müssen Investoren die ausländische Anlage halten, bis sich die ausländische Verzinsung dem inländischen Niveau annähert.

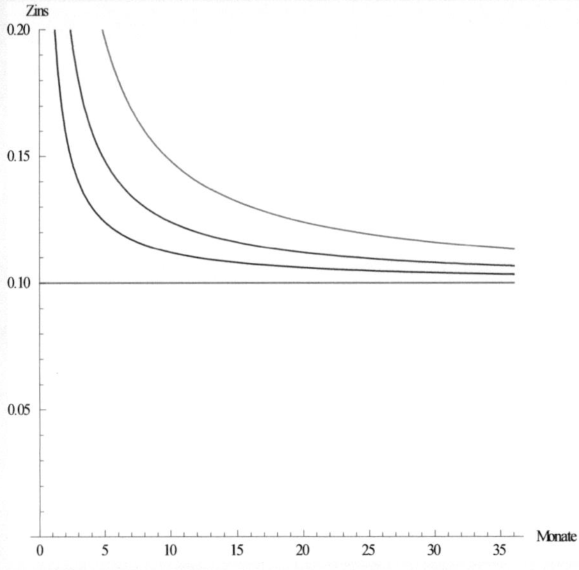

Abbildung 12 Tobin-Steuer für unterschiedliche Steuersätze.

Die Einführung der Tobin-Steuer wird vorgeschlagen um die Volatilität der Devisenmärkte zu begrenzen. Tatsächlich scheint dies theoretisch möglich zu sein, da kurzfristige ausländische Anlagen unattraktiv werden. Diskussionsbedürftig bleibt die Frage, ob damit nicht auch langfristige Anleger abgeschreckt werden, da ihnen das Risiko die Anlage bei Bedarf nicht schnell genug liquidieren zu können möglicherweise zu hoch erscheint. So entgehen der ausländischen Volkswirtschaft mitunter wirtschaftliche Entwicklungschancen, während dem inländischen Investor Gewinnchancen entgehen.

Gleichung (3.6) kann total differenziert und in die Matrix (3.4) eingesetzt werden:

$$\begin{pmatrix} (1-C'_Y-I'_Y-NX'_Y) & -I'_i & -NX'_E \\ L(i) & Y\cdot L'_i & 0 \\ 0 & -\bar{E}^e_{t+1}n & (12+i^*n) \end{pmatrix} \cdot \begin{pmatrix} dY \\ di \\ dE \end{pmatrix} = \begin{pmatrix} dG + C'_T dT + NX'_{Y*}dY^* \\ dM \\ 24\bar{E}^e_{t+1}dT_{Dev} \end{pmatrix}. \tag{3.7}$$

[24]

Damit ergibt sich für die Determinante der Koeffizientenmatrix in (3.7):

$$D_{Flex} = (1-C'_Y-I'_Y-NX'_Y)\cdot(12+i^*n)\cdot YL'_i + L(i)\cdot\left(I'_i(12++i^*n)+\bar{E}^e_{t+1}NX'_E\right)<0\,. \tag{3.8}$$

Für eine Änderung des Devisentransaktionssteuersatzes ergeben sich formal für die endogenen Größen:

$$\frac{dY}{dT_{Dev}} = \frac{24\bar{E}^e_{t+1}\cdot NX'_E\cdot YL'_i}{D_{Flex}} = \frac{+}{-}<0\,,$$

$$\frac{di}{dT_{Dev}} = \frac{-24\bar{E}^e_{t+1}\cdot NX'_E\cdot L(i)}{D_{Flex}} = \frac{+}{-}<0\,,$$

$$\frac{dE}{dT_{Dev}} = \frac{24\bar{E}^e_{t+1}\cdot(1-C'_Y-I'_Y-NX'_Y)\cdot YL'_i + 24\bar{E}^e_{t+1}\cdot I'_i\cdot L(i)}{D_{Flex}} = \frac{-}{-}>0\,.$$

Erklärung:

Die Einführung der Tobin-Steuer im Inland vermindert die Rendite ausländischer Kapitalanlagen, es gilt $n\cdot i > n\cdot i^* - 24T_{Dev}$. Eine Finanzanlage im Ausland muss nach Einführung der Tobin-Steuer eine höhere Rendite abwerfen, damit die Zinsparitätenbedingung erfüllt ist. Damit verbleibt mehr Kapital im Inland und es kommt folglich zu einer Aufwertung der inländischen Währung und zu einer Zinssenkung. Die Aufwertung der Währung lässt die Nettoexporte sinken, wodurch Einkommen und Produktion abnehmen. Der Einbruch der Güternachfrage wird durch die sinkenden Zinsen teilweise kompensiert. Die Zinssenkung kann zu einer Investitionsausweitung im Inland führen, da Kapital im Inland günstiger geworden ist.

[24] Von Erwartungsänderungen des zukünftigen Wechselkurses und Änderungen des ausländischen Zinses sei abgesehen.

Die zusätzlichen Investitionen können langfristig womöglich zu einem höheren Einkommensniveau beitragen.

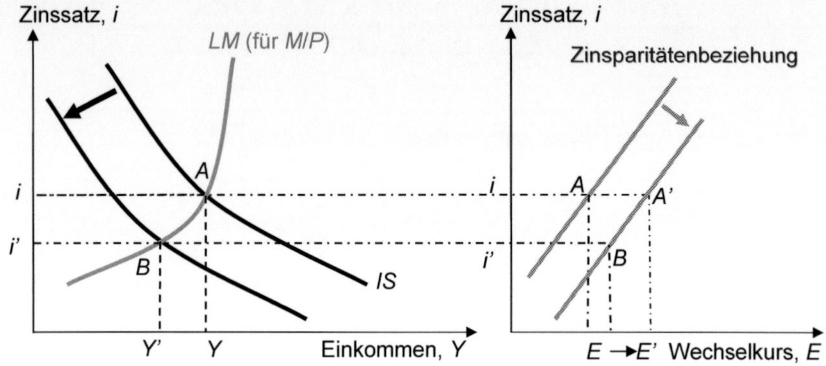

Abbildung 13 Tobin-Steuer bei flexiblen Wechselkursen.

Diskussion:

Im vorliegenden Fall erhebt nur das Inland die Tobin-Steuer und das Ausland nicht. Würde auch das Ausland die Steuer erheben, käme es womöglich nicht zu der Wechselkursänderung und die Aufwertung würde ausbleiben. Es stellt sich die Frage nach der internationalen Koordinierung, zunächst auf die Erhebung der Steuer und anschließend auf die Höhe des Steuersatzes. Staaten werden immer versucht sein ihren Finanzmarkt mit niedrigen Steuersätzen wettbewerbsfähig zu halten. Weiterhin bleibt die Frage offen, wohin die Gewinne aus der Steuer fließen. Die Befürworter der Tobin-Steuer schlagen vor die Steuer Entwicklungsländern als Entwicklungshilfe zukommen zu lassen. In Anbetracht der derzeitigen Staatsverschuldung der meisten Staaten ist dies wohl keine sonderlich realistische Hoffnung.[25]

3.2. Feste Wechselkurse

In diesem Abschnitt soll auf das System fester Wechselkurse in einer großen offenen Volkswirtschaft eingegangen werden. Entspricht der zukünftige erwartete Wechselkurs der aktuellen Wechselkursparität, die politisch festgelegt ist, so ergeben sich keine Änderungen im Vergleich zum zweiten Kapitel.

[25] Paradoxerweise soll das internationale finanzielle Engagement von Banken gebremst und durch staatliche Maßnahmen ersetzt werden.

Allerdings sollen an dieser Stelle Änderungen der Wechselkursparität bzw. Zweifel am Festkurssystem betrachtet werden. Das Gleichungssystem in Matrixschreibweise ändert sich zunächst wie folgt:

$$\begin{pmatrix} (1-C'_Y-I'_Y-NX'_Y) & -I'_i & 0 \\ L(i) & Y\cdot L'_i & -1 \\ 0 & 1 & 0 \end{pmatrix} \cdot \begin{pmatrix} dY \\ di \\ dM \end{pmatrix} = \begin{pmatrix} dG + C'_T dT + NX'_{Y*} dY^* + NX'_E dE \\ 0 \\ Edi^* - \left(\left(1+i^*\right)E\right)d\bar{E}^e + \left(1+i^*\right)dE \end{pmatrix}. \quad (3.9)$$

Für die Determinante der Koeffizientenmatrix auf der linken Seite von (3.9) ergibt sich:

$$D_{Fix} = 1 - C_Y - I_Y - NX_Y > 0. \quad (3.10)$$

Der Zentralbank des betrachteten Landes obliegt wieder die Aufrechterhaltung der Wechselkursparität, zu deren Zweck sie auf dem Devisenmarkt interveniert und Devisen an- bzw. verkauft. Autonome Geldpolitik ist nicht möglich. Es stellen sich Y, i und M endogen ein.

3.2.1. Fiskalpolitik, Welteinkommen, Weltzinsniveau, Schocks

Für eine Erhöhung der Staatsausgaben ergeben sich gegenüber den im zweiten Kapitel dargestellten Ergebnissen keine Änderungen.[26] Der inländische Zins bleibt unverändert und entspricht dem ausländischen Zinsniveau. Zur Erklärung sei auf das zweite Kapitel verwiesen.

Eine Änderung des Welteinkommens führt ebenfalls zu den im zweiten Kapitel diskutierten Ergebnissen. Der inländische Zins bleibt unverändert.[27]

In Bezug auf die Vorzeichen verändern sich die endogenen Größen bei einer Änderung des Weltzinsniveaus wie im zweiten Kapitel beschrieben.[28] Steigen die Weltmarktzinsen an, so steigen auch die inländischen Zinsen.

---

[26] Es ergeben sich $dY/dG = 1/D_{Fix} > 0$, $di/dG = 0/D_{Fix} = 0$ und $dM/dG = L(i)/D_{Fix} > 0$.

[27] Es ergeben sich $dY/dY^* = NX'_{Y*}/D_{Fix} > 0$, $di/dY^* = 0/D_{Fix} = 0$ und $dM/dY^* = L(i^*)\cdot NX'_{Y*}/D_{Fix} > 0$.

[28] Es ergeben sich $dY/di^* = E\cdot I'_{i*}/D_{Fix} < 0$, $di/di^* = (1-C'_Y-I'_Y-NX'_Y)\cdot E/D_{Fix} > 0$ und weiterhin $dM/di^* = E\cdot\left[(1-C'_Y-I'_Y-NX'_Y)\cdot YL'_{i*} + L(i^*)\cdot I'_{i*}\right]/D_{Fix} < 0$.

Für Schocks auf dem Gütermarkt ergeben sich ebenfalls keine Änderungen hinsichtlich der Vorzeichen gegenüber dem zweiten Kapitel.[29] Genauso verhält es sich mit Geldmarktschocks.[30]

3.2.2. Wechselkursparitätsänderungen

Die politisch festgelegte Wechselkursparität kann durch politischen Beschluss gegebenenfalls neu festgelegt werden. Mithilfe von (3.9) und (3.10) ergeben sich durch eine Änderung der Wechselkursparität folgende Änderungen der endogenen Größen:

$$\frac{dY}{d\overline{E}} = \frac{I_i' + NX_E' + I_i' \cdot i^*}{D_{Fix}} = \frac{-}{+} < 0,$$

$$\frac{di}{d\overline{E}} = \frac{\left(1+i^*\right) \cdot \left(1 - C_Y' - I_Y' - NX_Y'\right)}{D_{Fix}} = \frac{+}{+} > 0,$$

$$\frac{dM}{d\overline{E}} = \frac{\left(1 - C_Y' - I_Y' - NX_Y'\right) \cdot \left(1+i^*\right) \cdot YL_i' + L(i) \cdot \left(I_i' + NX_E' + I_i' \cdot i^*\right)}{D_{Fix}} = \frac{-}{+} < 0.$$

Eine Neufestlegung der Wechselkursparität geht mit Änderungen der Geldmenge einher und ist daher mit der Wirkung von Geldpolitik bei flexiblen Wechselkursen zu vergleichen. Eine Neufestlegung der Wechselkursparität – in diesem Fall eine Abwertung – bedeutet, das Angebot an Devisen ist größer als die Devisennachfrage. Die Zentralbank kauft die ausländische Währung an, womit sich die Zentralbankbilanz verlängert. Die Ausweitung der Geldmenge im Inland lässt die Zinsen sinken. Die Wirtschaft kann über den Investitionskanal und über den Wechselkurskanal (infolge der Abwertung) wachsen.

3.2.3. Unglaubwürdigkeit der Wechselkursparität

Internationale Investoren können auch Zweifel an der Glaubwürdigkeit der politisch festgelegten Wechselkursparität hegen, beispielsweise können sie annehmen, die Währung wird

29 Es ergeben sich für Störungen auf dem Gütermarkt $dY/dx^D = 1/D_{Fix} > 0$, $di/dx^D = 0/D_{Fix} = 0$ und $dM/dx^D = L(i)/D_{Fix} > 0$.

30 Für Schocks auf dem Geldmarkt ergeben sich $dY/dx^M = 0/D_{Fix} = 0$, $di/dx^M = 0/D_{Fix} = 0$ und $dM/dx^M = \left(1 - C_Y' - I_Y' - NX_Y'\right)/D_{Fix} = 1$.

plötzlich überraschend abgewertet, da eine solche spontane einmalige Abwertung dem Land zusätzliche Wachstumsimpulse geben kann (siehe Abschnitt 0). Zunächst soll formal gezeigt werden wie sich die endogenen Größen bei solchen Wechselkursänderungserwartung entwickeln:

$$\frac{dY}{d\overline{E}^e} = \frac{-I_i' \cdot (1+i^*)E}{D_{Fix}} = \frac{+}{+} > 0,$$

$$\frac{di}{d\overline{E}^e} = \frac{(1+i^*)E \cdot (C_Y' + I_Y' + NX_Y' - 1)}{D_{Fix}} = \frac{-}{+} < 0,$$

$$\frac{dM}{d\overline{E}^e} = \frac{(1+i^*) \cdot E \cdot \left[(C_Y' + I_Y' + NX_Y' - 1) \cdot YL_i' - I_i' \cdot L(i) \right]}{D_{Fix}} = \frac{+}{+} > 0.$$

Hegen die internationalen Investoren Misstrauen gegen die festgelegte Wechselkursparität und erwarten sie eine Abwertung der Währung, befürchten sie Renditeeinbußen, da ihre Verzinsung durch eine Abwertung geschmälert wird und die Gleichung für die Zinsparität nicht mehr erfüllt ist. Die internationalen Investoren verkaufen daher die Wertpapiere des betrachteten Landes, in deren Folge die Wertpapierkurse sinken und die Zinsen steigen. Letztere müssen in dem Maße steigen, wie die Investoren eine Abwertung befürchten, so dass die Zinsparität wieder hergestellt ist. Investoren, die Kapital aus dem Land abziehen, tauschen inländische Währung gegen Devisen. Die Zentralbank muss Devisen in den Markt geben und nimmt folglich inländische Währung aus dem Markt, womit sich die Zentralbankbilanz verkürzt und sich eine Geldmenge einstellt, die mit dem gestiegenen Zinssatz kompatibel ist. Die Zinserhöhung verteuert inländische Investitionen, was die Investitionsgüternachfrage und damit die Produktion und das Einkommen sinken lässt.

3.2.4. Erhöhung der Risikoprämie

Ebenso kann die Einführung einer Risikoprämie für Finanzanlagen des betrachteten Landes analysiert werden. Die endogenen Größen ändern sich wie folgt:

$$\frac{dY}{d\rho} = \frac{I_i'}{D_{Fix}} = \frac{-}{+} < 0,$$

$$\frac{di}{d\rho} = \frac{\left(1 - C'_Y - I'_Y - NX'\right)}{D_{Fix}} = 1,$$

$$\frac{dM}{d\rho} = \frac{\left(1 - C'_Y + I'_Y + NX'_Y\right) \cdot YL'_i + I'_i \cdot L(i)}{D_{Fix}} = \frac{-}{+} < 0.$$

Steigt das Risiko inländischer Finanzanlagen an, wollen Investoren für dieses Risiko entschädigt werden. Es werden so lange Wertpapiere verkauft, bis sich die Verzinsung einstellt, die das Risiko widerspiegelt. Gleichzeitig werden mehr Devisen nachgefragt. Diese Nachfrage muss die Zentralbank befriedigen, womit sich die Zentralbankbilanz verkürzt, d.h. die Geldmenge sinkt. Der erhöhte Zinssatz verteuert Investitionen, weshalb die Investitionsgüternachfrage sinkt und folglich auch das volkswirtschaftliche Einkommen.

3.2.5. Einführung einer Devisentransaktionssteuer

Die Gleichung für die Zinsparität kann unter Einbezug einer Devisentransaktionssteuer und der Annahme einer glaubwürdigen Wechselkursparität, $E_t = \overline{E}^e_{t+n}$, wie folgt dargestellt werden:

Zinsparität: $$\frac{n}{12} i_t = \frac{n}{12} i^*_t - 2 \cdot T_{Dev}. \qquad (3.11)$$

Gleichung (3.11) kann total differenziert und in die Matrix (3.9) eingesetzt werden:

$$\begin{pmatrix} \left(1 - C'_Y - I'_Y - NX'_Y\right) & -I'_i & 0 \\ L(i) & Y \cdot L'_i & -1 \\ 0 & n & 0 \end{pmatrix} \cdot \begin{pmatrix} dY \\ di \\ dM \end{pmatrix} = \begin{pmatrix} dG + C'_T dT + NX'_{Y*} dY^* + NX'_E dE \\ 0 \\ n di^* - 24 dT_{Dev} \end{pmatrix}.$$ [31]

Für eine Änderung der endogenen Größen ergibt sich formal:

$$\frac{dY}{dT_{Dev}} = \frac{-24 I'_i}{D_{Fix}} = \frac{+}{+} > 0,$$

[31] Die Determinante der Koeffizientenmatrix ändert sich zu $n \cdot \left(1 - C'_Y - I'_Y - NX'_Y\right) > 0$.

$$\frac{di}{dT_{Dev}} = \frac{-24 \cdot \left(1 - C_Y' - I_Y' - NX_Y'\right)}{D_{Fix}} = \frac{-}{+} < 0,$$

$$\frac{dM}{dT_{Dev}} = \frac{-24 \cdot \left[\left(1 - C_Y' - I_Y' - NX_Y'\right) \cdot YL_i' + I_i' \cdot L(i)\right]}{D_{Fix}} = \frac{+}{+} > 0.$$

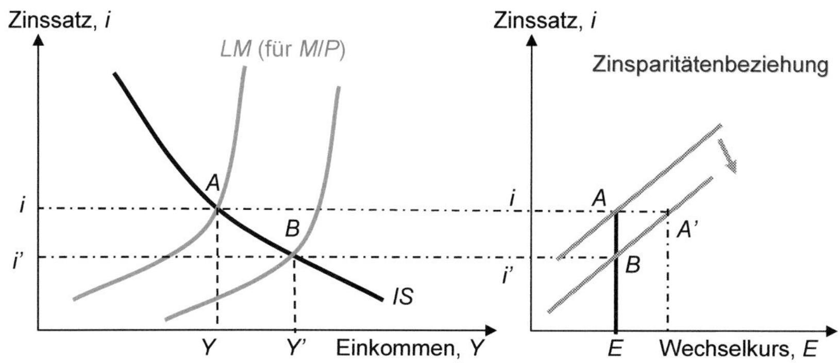

Abbildung 14 Tobin-Steuer bei festen Wechselkursen.

Unter einem Regime fester Wechselkurse kann die Einführung einer Devisentransaktionssteuer positive Effekte auf das Volkseinkommen hervorrufen. Das Erheben der Tobin-Steuer führt zu unterschiedlichen Renditen in- und ausländischer Finanzanlagen. Letztere werden unattraktiv, so dass weniger Kapital ins Ausland strömt und die Devisennachfrage sinkt, was zu einem Aufwertungsdruck führt. Letzterem begegnet die Zentralbank, indem sie die angebotenen überschüssigen Devisen aufkauft, womit sich die Geldmenge ausdehnt und die Wechselkursparität fixiert wird. Die sinkenden Zinsen im Inland begünstigen die Investitionsgüternachfrage, womit die Wirtschaft wachsen kann. Die Wirkung der Einführung einer Devisentransaktionssteuer in Bezug auf den Output unterscheidet sich zwischen einer Volkswirtschaft mit festen und flexiblen Wechselkursen. Während unter letzterem System der Output durch die Tobin-Steuer sinkt, kann das Einkommen in der Volkswirtschaft mit fester Wechselkursanbindung durch die Tobin-Steuer ausgeweitet werden.

3.3. Fazit

Tabelle 5 fasst die wichtigsten Ergebnisse des vorausgegangenen Abschnittes bezüglich der Änderungen exogener Größen auf den Output zusammen. Im Vergleich zum zweiten Kapitel stellen sich einige Änderungen infolge der Annahme bezüglich des zukünftigen Wechselkurses ein. Gilt die Annahme, dass der zukünftige Wechselkurs dem aktuellen Wechselkurs entspricht, haben Fiskalpolitik, Änderungen der Weltgüternachfrage oder Gütermarktschocks keine Wirkung auf den Output unter einem Regime flexibler Wechselkurse, da dieser als Schockabsorber wirkt. Eine Änderung der Annahme bezüglich des zukünftig erwarteten Wechselkurses ändert die Ergebnisse ab. Sollte nach Änderung einer exogenen Größe, z.B. infolge expansiver Fiskalpolitik, eine Aufwertung stattfinden, so erwarten die Wirtschaftssubjekte eine Abwertung in der Zukunft, weshalb die Aufwertung nicht so stark ausfällt wie unter der Annahme rationaler Wechselkursänderungserwartungen. Damit haben auch Fiskalpolitik, die Änderungen der Weltnachfrage oder Gütermarktschocks reale Wirkungen. Der flexible Wechselkurs verliert an seiner Wirkung als „Schockabsorber“.

Wechselkurs-system	G	M	Y^*	i^*	x^D	x^M	E^e	ρ	T_{Dev}
Flexibel	+	+	+	+	+	-	-	+	-
Fix	+	/	+	-	+	0	+	-	+
Geschlossene Volkswirtschaft	+	+	/	/	+	-	/	/	/

Tabelle 5 Ergebnisübersicht Kapitel 3.
Wirkung auf den Output bei Veränderung bestimmter exogener Größen.

Es wurde ferner eine Änderung der Erwartung des zukünftigen Wechselkurses betrachtet. Glauben die Wirtschaftssubjekte in einem System flexibler Wechselkurse an eine Abwertung der heimischen Währung in der Zukunft, setzt die Abwertung schon heute ein und die Wirtschaft wächst, da die Nettoexporte ausgedehnt werden können. Im System fester Wechselkurse führt die Erwartung einer Paritätsänderung nach unten zu steigenden inländischen Zinsen und damit zu einem Rückgang der Investitionsgüternachfrage, was zu einem Rückgang des volkswirtschaftlichen Einkommens führt.

4 Offene Volkswirtschaft mit Arbeitsmarkt

Im Folgenden soll die aggregierte Angebotsfunktion (*AS* = Aggregate Supply) der Volkswirtschaft mit in die Betrachtung einbezogen werden. Diese Funktion reflektiert Änderungen der Inflationserwartung der Marktteilnehmer P^e, der unternehmerischen Marktmacht μ, der Arbeitslosenquote u und sonstige Änderungen auf dem Arbeitsmarkt z.[32] Der Bestand an Arbeitskräften der Volkswirtschaft wird mit N bezeichnet. Die Herleitung der *AS*-Gleichung, der aggregierten Angebotsfunktion, kann ausführlicher in Blanchard/Illing (2009) nachvollzogen werden. Der Einbezug der Gleichung für das aggregierte Angebot ermöglicht die Betrachtung von Preisniveauänderungen. Letztere können damit auch in der kurzen Frist analysiert werden und geben die Richtung der Preisentwicklung für die lange Sicht vor. Dabei stellt dies den Übergang von der kurzen zur langen Frist dar. Letztere wird mithilfe des *AS-AD*-Modells makroökonomisch beschrieben. Die *AS*-Gleichung kann folgendermaßen dargestellt werden:

AS-Gleichung:
$$P = P^e \cdot (1+\mu) \cdot F\left(\underset{-}{1-\frac{Y}{N}}, \underset{+}{z}\right). \tag{4.1}$$

Es ergibt sich für die *AS*-Gleichung (4.1) im *P*-*Y*-Raum eine positive Steigung:

$$\frac{\partial P}{\partial Y} = -\frac{P^e \cdot (1+\mu) \cdot F_Y'}{N} > 0,$$

d.h. je höher das Produktionsniveau der Volkswirtschaft, umso geringer ist die Arbeitslosenquote. Damit gewinnen die Arbeiternehmer bzw. die Arbeitnehmervertreter an Verhandlungsmacht bei Lohnverhandlungen und fordern höhere Löhne, welche die Unternehmen auf die Preise überwälzen, womit letztere bei zunehmender volkswirtschaftlicher Aktivität steigen.

In die *AS*-Gleichung (4.1) fließt das aktuelle realisierte Preisniveau P, das zukünftig erwartete Preisniveau P^e, ein Monopolaufschlag μ, der Arbeitskräftebestand der Volkswirtschaft N und eine Sammelvariable z für die institutionelle Ausgestaltung des Arbeitsmarktes ein. Herrschen

[32] Es gilt für die Arbeitslosenquote $u = 1 - Y/N$, wobei N die erwerbsfähige Bevölkerung beschreibt. Die Sammelvariable z beschreibt die institutionelle Ausgestaltung des Arbeitsmarktes, z.B. Mindestlöhne, Kündigungsschutz, etc. (vgl. Blanchard/Illing 2009).

unter den Arbeitnehmern bzw. deren Vertretern Inflationserwartungen, so fordern sie höhere Löhne. Diese werden von den Unternehmen auf die Preise überwälzt, womit das Preisniveau tatsächlich ansteigt. Herrscht in der Volkswirtschaft vollkommener Wettbewerb, gilt $\mu = 0$ und der Verkaufspreis der Unternehmen deckt genau deren Produktionskosten ab. Letztere bestehen in der vorliegenden Darstellung nur aus Lohnkosten; Kapitalkosten werden in der Betrachtung nicht berücksichtigt. Verfügen die Unternehmen dagegen über Marktmacht, weil unvollkommener Wettbewerb herrscht oder keine homogenen Produkte verkauft werden, so können die Unternehmen einen „Monopolaufschlag" erheben. Je höher daher der Monopolgrad, desto höher fallen Monopolaufschlag und damit das Preisniveau aus. Die Sammelvariable z umfasst die Betrachtung von sozialen Sicherungsleistungen, Mindestlöhnen oder Effizienzlöhnen. Werden in der Volkswirtschaft Mindestlöhne eingeführt oder erhöht, nimmt die Verhandlungsmacht der Gewerkschaften zu und diese fordern höhere Löhne, welche wiederum von den Unternehmen auf die Preise überwälzt werden. Eine genaue Analyse und Beschreibung des Arbeitsmarktes bzw. der *AS*-Funktion liefert Blanchard (2008).

Box 6: Herleitung der *AS*-Kurve

Blanchard (2008) leitet die *AS*-Gleichung aus dem Modell des Arbeitsmarktes her. Dazu wird die Gleichung für die Lohnsetzung der Arbeitnehmer

$$\frac{W}{P^e} = F\left(\underset{-}{u}, \underset{+}{z}\right)$$

herangezogen. Je geringer die Arbeitslosenquote u, desto stärker fällt die Verhandlungsmacht der Gewerkschaften während der Lohnverhandlungen aus und desto höhere Löhne können festgelegt werden. Außerdem verändert die institutionelle Ausgestaltung des Arbeitsmarktes die Verhandlungsmacht der Gewerkschaften: Je höher Mindestlöhne oder Lohnersatzleistungen ausfallen, desto höhere Löhne stellen sich nach Abschluss der Lohnverhandlungen ein. Ferner wird zur Bestimmung der *AS*-Gleichung die Gleichung für die Preissetzung der Unternehmen

$$P = (1+\mu) \cdot W$$

genutzt. Je mehr Marktmacht μ die Unternehmen besitzen, desto höher setzen sie den Verkaufspreis. Aus der Kombination der Lohn- und Preissetzungsgleichung ergibt sich die *AS*-

Gleichung (4.1). Bei der Herleitung der *AS*-Gleichung wird die Arbeitslosenquote u umgestellt zu $1-Y_n/N$, dabei ergibt sich Y aus der Produktionsfunktion, da Blanchard (2008) der Einfachheit halber annimmt, dass ein Arbeiter eine Outputeinheit erzeugt. Aus den Gleichungen für den Arbeitsmarkt kann die natürliche, d.h. strukturelle Arbeitslosenquote und damit die „natürliche" Beschäftigungsquote bestimmt werden. Aus der Annahme über die Produktionsfunktion gelangt man von der natürlichen Beschäftigungsquote zum natürlichen Produktionsniveau Y_n, d.h. der langfristigen *AS*-Kurve, welche unabhängig vom jeweiligen Preisniveau ist. Die folgende Abbildung veranschaulicht die Herleitung.

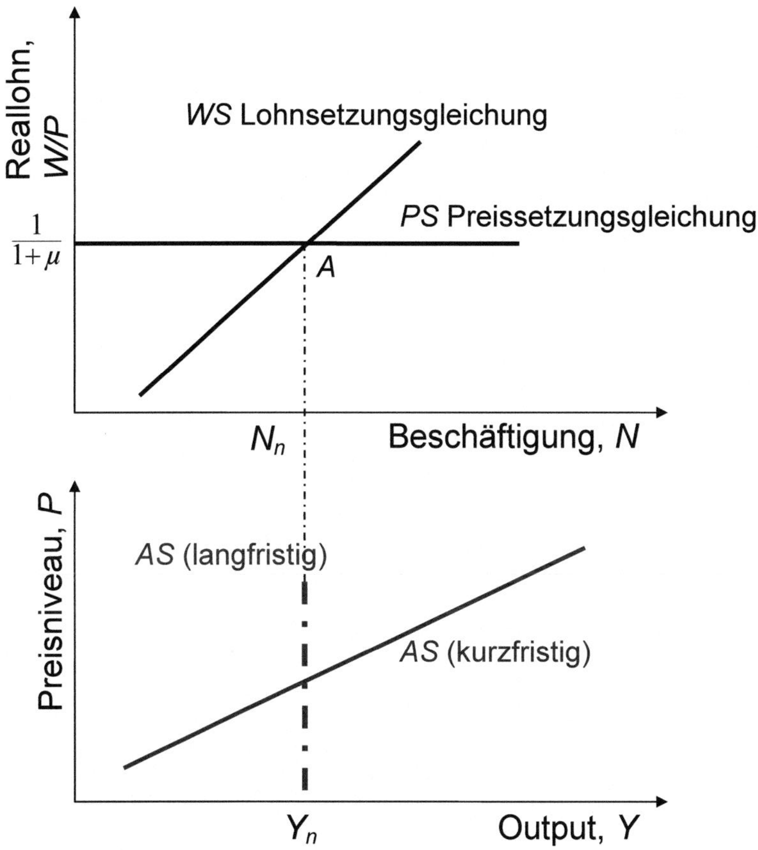

Abbildung 15 Herleitung der langfristigen *AS*-Kurve.

In Abbildung 15 wird die langfristige *AS*-Kurve graphisch hergeleitet. Das „natürliche" Produktionsniveau hängt von der Situation des Arbeitsmarktes der Volkswirtschaft ab. Mehr Wettbewerb zwischen den Unternehmen, d.h. μ sinkt, führt zu sinkenden Preisen und damit zu höheren Reallöhnen W/P. Zu dem gestiegenen Reallohn, die *PS*-Kurve (*PS* = Price Setting) verschiebt sich nach oben, sind mehr Menschen bereit zu arbeiten: Das natürliche Beschäftigungs- und damit das natürliche Produktionsniveau Y_n steigen. Eine Reduzierung von Lohnersatzleistungen, d.h. z sinkt, zwingt die Gewerkschaften zu Lohnzugeständnissen, womit die Beschäftigung ausgedehnt werden kann; die *WS*-Kurve (*WS* = Wage Setting) verschiebt sich nach unten. Infolge dieser Maßnahme steigt das natürliche Produktionsniveau und die langfristige *AS*-Kurve verschiebt sich nach rechts.

Neben der *AS*-Gleichung werden in diesem Kapitel die drei bekannten Gleichungen für die Gleichgewichte auf dem Güter-, Geld- und Devisenmarkt unter Berücksichtigung von Preisniveauänderungen verwendet:

IS-Gleichung:
$$Y = C\Big(\underset{+}{Y},\underset{-}{T}\Big) + I\Big(\underset{+}{Y},\underset{-}{i}\Big) + G + NX\Big(\underset{-}{Y},\underset{+}{Y^*},\underset{-}{EP/P^*}\Big), \tag{4.2}$$

LM-Gleichung:
$$M = P \cdot Y \cdot L\Big(\underset{-}{i}\Big), \tag{4.3}$$

Zinsparität:
$$E = \frac{1+i}{1+i^*} \cdot \overline{E}^e.^{33} \tag{4.4}$$

Die *IS*- und *LM*-Gleichung können zur Gleichung für die aggregierte Nachfragefunktion (*AD* = Aggregate Demand) zusammengefasst werden, womit sich das *AS*-*AD*-Modell ergibt.

Box 7: Herleitung der *AD*-Kurve

Die aggregierte Nachfragekurve kann aus den Gleichungen für den Güter- und Geldmarkt hergeleitet werden, siehe dazu u.a. Blanchard (2008). In Abbildung 16 und den folgenden Ausführungen wird kurz auf die graphische Herleitung eingegangen.

---

[33] Für die Gleichung der Zinsparität ergibt sich durch Umstellen: $1+i = \left(1+i^*\right) \cdot E/\overline{E}^e$.

Erhöht sich *c.p.* das Preisniveau P der Volkswirtschaft, sinkt folglich die reale Geldmenge (M/P). Die Geldnachfrage ist in dieser Situation größer als das Geldangebot, weshalb die Wirtschaftssubjekte Wertpapiere verkaufen um die zusätzliche Geldnachfrage befriedigen zu können. Damit sinken die Wertpapierkurse und die Zinsen steigen. Dieser Zinsanstieg verteuert Investitionen und lässt folglich die Investitionsgüternachfrage und damit die gesamtwirtschaftliche Nachfrage sinken: Das Volkseinkommen Y sinkt.

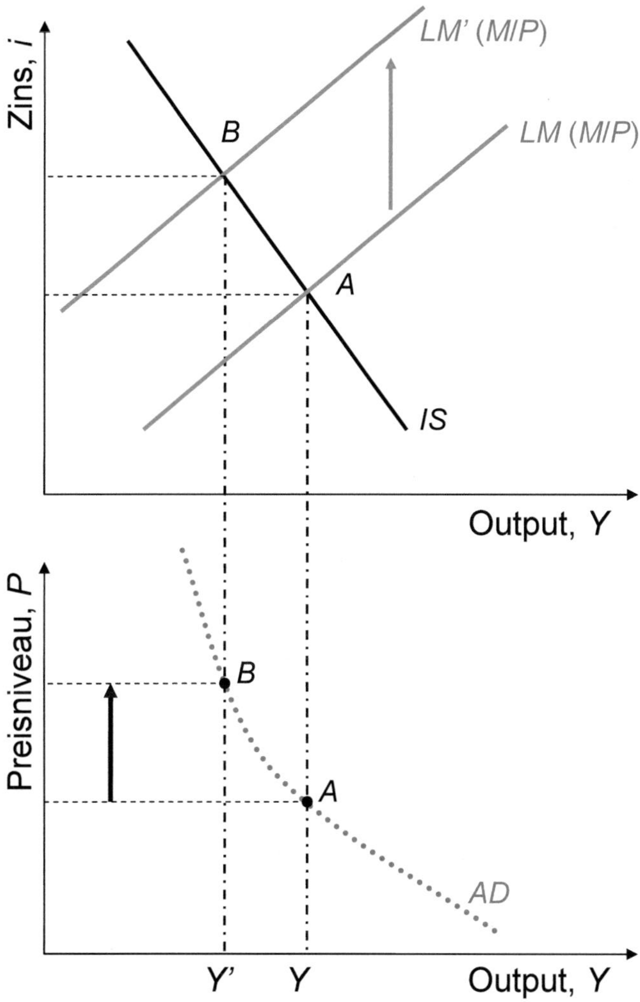

Abbildung 16 Herleitung der *AD*-Kurve.

Formal kann der Anstieg der *AD*-Kurve bestimmt werden, indem die *IS*- und *LM*-Gleichung total differenziert werden und unter den Annahmen

$$dG = dT = di = dM = dE = dY^* = dP^* = 0$$

gleichgesetzt und nach *dP/dY* aufgelöst werden zu:

$$\frac{dP}{dY} = -\frac{P^2 \cdot P^* \cdot L(i) \cdot (C'_Y + I'_Y + NX'_Y)}{M \cdot P^* + P^2 \cdot E \cdot L(i) \cdot NX'_\varepsilon} < 0.$$ [34]

4.1. Flexible Wechselkurse

Es wird eine kleine offene Volkswirtschaft mit vollkommener Kapitalmobilität unterstellt. Die Zentralbank verfolgt kein Wechselkursziel: Es herrschen flexible Wechselkurse vor. Endogen sind das Volkseinkommen *Y*, der Wechselkurs *E*, der Zinssatz *i* und nun auch das Preisniveau *P*. Nach Bildung der totalen Differentiale aus (4.1) bis (4.4) und nach Umstellen ergibt sich folgende Matrixdarstellung mit den vier endogenen Größen *Y*, *i*, *E* und *P*. Der erwartete Wechselkurs $\overline{E}^e_{t+1}$ sei auf eins normiert:

$$\begin{pmatrix} (1 - C'_Y - I'_Y - NX'_Y) & -I'_i & -NX'_\varepsilon & -NX'_\varepsilon \\ L(i) & Y \cdot L'_i & 0 & Y \cdot L(i) \\ 0 & 1 & -(1+i^*) & 0 \\ (1+\mu)F'_Y & 0 & 0 & 1 \end{pmatrix} \cdot \begin{pmatrix} dY \\ di \\ dE \\ dP \end{pmatrix} = \begin{pmatrix} dG + NX'_{Y*}dY^* - NX'_\varepsilon dP^* \\ dM \\ di^* - (1+i^*)d\overline{E}^e \\ F(\bullet)d\mu + (1+\mu)F'_z dz \end{pmatrix}, \quad (4.5)$$

es gelten dabei aus Gründen der Übersichtlichkeit $dT = 0$, $P^* = 1$, $\overline{E}^e_{t+1} = 1$, $N = 1$, $P^e = 1$. Weiterhin sei der aktuelle nominale Wechselkurs *E* mit eins und das Preisniveau *P* ebenfalls mit eins angenommen. Damit gilt für die Determinante der Koeffizientenmatrix in (4.5):

$$D_{Flex} > 0.$$ [35]

---

[34] Bzw. kann zu $dY/dP = -(M \cdot P^* + P^2 \cdot E \cdot L(i) \cdot NX'_\varepsilon)/(P^2 \cdot P^* \cdot L(i) \cdot (C'_Y + I'_Y + NX'_Y)) < 0$ umgestellt werden.

[35] Es ergibt sich unter den getroffenen Annahmen für die Determinante der Koeffizientenmatrix in (4.5): $D_{Flex} = (I'_i + NX'_\varepsilon + I'_i \cdot i^*) \cdot (Y \cdot (1+\mu)F'_Y - 1) \cdot L(i) - L'_i(1+i^*) \cdot Y \cdot (K + NX'_\varepsilon \cdot (1+\mu)F'_Y) > 0$, wobei $K = (1 - C'_Y - I'_Y - NX'_Y)$.

4.1.1. Fiskalpolitik

Zunächst seien die formalen Änderungen der endogenen Größen bei einer Änderung der Staatsausgaben aufgezeigt. Im Vergleich zum vorhergehenden Kapitel ergeben sich hinsichtlich der Vorzeichen keine Änderungen, jedoch kann sich die Größe der Multiplikatoren unterscheiden:

$$\frac{dY}{dG}=\frac{-L_i'\cdot(1+i^*)}{D_{Flex}}=\frac{+}{+}>0,$$

$$\frac{di}{dG}=\frac{-\left(1+i^*\right)\cdot\left(F_Y'+\mu F_Y'-1\right)\cdot L\left(i\right)}{D_{Flex}}=\frac{+}{+}>0,$$

$$\frac{dE}{dG}=\frac{-\left(F_Y'+\mu F_Y'-1\right)\cdot L\left(i\right)}{D_{Flex}}=\frac{+}{+}>0,$$

$$\frac{dP}{dG}=\frac{F_Y'\cdot L_i'\cdot\left(1+i^*\right)\cdot\left(1+\mu\right)}{D_{Flex}}=\frac{+}{+}>0.$$

Ein Anstieg der Staatsausgaben führt zu einem Anstieg des Wechselkurses, d.h. einer Aufwertung der heimischen Währung. Werden die Staatsausgaben durch „Kredite" finanziert, steigt der inländische Zinssatz über das Weltmarktniveau, was zu einer starken Nachfrage nach inländischer Währung und damit zu einer Aufwertung führt. Ergänzend zur bisherigen Analyse steigt infolge einer Staatsausgabenerhöhung das inländische Preisniveau, was mit der fehlenden Lohn- und Preisrigidität begründet werden kann. Das heißt, kommt es zu einer Ausweitung der staatlichen Nachfrage erhöhen sich auch in der kurzen Frist die Preise, da nicht alle Unternehmen die nachgefragten Mengen auch anbieten können.

Erklärung:

Während in der kurzen Frist einige Löhne und Preise in der Volkswirtschaft als rigide angenommen werden können, sollte diese Annahme in der mittleren Frist nicht gelten. Die Gewerkschaften beobachten mit der Ausweitung der Nachfrage auch einen Anstieg des Preisniveaus und einen Beschäftigungsanstieg, womit sie in den folgenden Lohnverhandlungen höhere Löhne fordern (in Abbildung 17 verschiebt sich die *AS*-Kurve nach oben). Die Unternehmen erhöhen infolge der gestiegenen Lohnkosten die Preise, so dass in der mittleren Frist einzig das Preisniveau steigt und die positiven Outputeffekte abgebaut werden. Die Volkswirtschaft produziert wieder auf dem natürlichen Produktionsniveau.

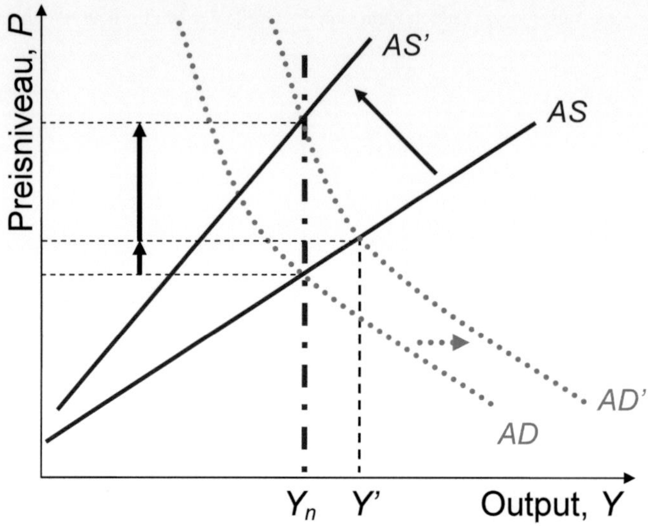

Abbildung 17 Expansive Fiskalpolitik im *AS-AD*-Modell.

Bei der Ausweitung der Staatsausgaben stellt sich wieder die Frage der Finanzierung. Eine Finanzierung durch Kreditaufnahme muss in Zukunft durch höhere Steuern beglichen werden, d.h. in der Zukunft wird es zu Steuererhöhungen kommen, welche im Gegensatz zu der Staatsausgabenerhöhung einen diametralen Effekt auf die betrachteten endogenen Größen aufweisen. Ferner kann die Frage gestellt werden, wie der Staat durch eine Ausgabenerhöhung der Volkswirtschaft langfristig zu einem höheren Outputniveau verhelfen kann, indem beispielsweise in Infrastruktur investiert wird, was das Wachstumsniveau der Volkswirtschaft nachhaltig befördert. Anderseits stellt sich wieder die Frage nach dem *Crowding Out*, d.h. der Verdrängung privater Investitionen durch den Staat.

Wie bereits erwähnt hat eine Steuererhöhung die gegenteiligen Effekte wie eine Staatsausgabenerhöhung.[36] Ein Anstieg der ausländischen Güternachfrage hat ebenfalls die gleichen Effekte auf die endogenen Größen wie die Erhöhung der inländischen Staatsausgaben.[37] Auch ein Preisniveauanstieg im Ausland bringt den gleichen Einfluss auf Einkommen, Zins, Wech-

[36] Die Größe der Multiplikatoren unterscheidet sich dabei noch durch die marginale Konsumneigung.

[37] Die Größe der Multiplikatoren unterscheidet sich um NX'_{Y*}.

selkurs und Preisniveau mit sich wie eine erhöhte inländische Staatsnachfrage.[38] Der flexible Wechselkurs schützt in diesem Modellansatz nicht vor ausländischer Inflation und Schwankungen der ausländischen Güternachfrage.

Eine Modifikation des Ansatzes hin zu **rationalen Wechselkurserwartungen** führt zu folgenden Ergebnissen:[39]

$$\frac{dY}{dG} = \frac{0}{D_{Flex}} = 0 ,$$

$$\frac{di}{dG} = \frac{0}{D_{Flex}} = 0 ,$$

$$\frac{dE}{dG} = \frac{-\left(F_Y' + \mu F_Y' - 1\right) \cdot L(i)}{D_{Flex}} = \frac{+}{+} > 0 ,$$

$$\frac{dP}{dG} = \frac{0}{D_{Flex}} = 0 .$$

Unter diesen Annahmen hat Fiskalpolitik in einer Volkswirtschaft mit flexiblen Wechselkursen keine reale Wirkung: Ein tendenzieller Zinsanstieg führt zu einer Aufwertung der Währung, welche den Nachfrageanstieg kompensiert. Da sich das Outputniveau nicht verändert, bleibt auch das Preisniveau unverändert. Der flexible Wechselkurs kann unter der Annahme rationaler Wechselkurserwartungen seine Wirkung als Schockabsorber bei Schwankungen der ausländischen Güternachfrage und bei Preisniveauschwankungen im Ausland entfalten.

4.1.2. Geldpolitik

Formal ergeben sich durch geldpolitische Maßnahmen für die endogenen Größen:

$$\frac{dY}{dM} = \frac{-NX_\varepsilon' - I_i'\left(1 + i^*\right)}{D_{Flex}} = \frac{+}{+} > 0 ,$$

[38] Die Größe der Multiplikatoren unterscheidet sich wiederum um NX_ε', wobei $-NX_\varepsilon' > 0$ gilt.

[39] Für die Gleichung der Zinsparität gilt: $di = di^*$. Dies kann in die Matrix (4.5) Berücksichtigung finden. Damit ergibt sich für die Determinante der Koeffizientenmatrix: $D_{Flex} = NX_\varepsilon' \cdot \left(F_Y' + \mu F_Y' - 1\right) \cdot L(i) > 0$.

$$\frac{di}{dM}=\frac{-\left(1+i^*\right)\cdot\left(\left(1-C_Y'-I_Y'-NX_Y'\right)+\left(1+\mu\right)F_Y'\cdot NX_\varepsilon'\right)}{D_{Flex}}=\frac{-}{+}<0,$$

$$\frac{dE}{dM}=\frac{-\left(1-C_Y-I_Y-NX_Y'\right)-\left(1+\mu\right)F_Y'\cdot NX_\varepsilon'}{D_{Flex}}=\frac{-}{+}<0,$$

$$\frac{dP}{dM}=\frac{\left(1+\mu\right)F_Y'\cdot\left(\left(1+i^*\right)I_i'+NX_\varepsilon'\right)}{D_{Flex}}=\frac{+}{+}>0.$$ [40]

Geldpolitik hat damit in einer offenen Volkswirtschaft mit flexiblen Wechselkursen eine reale Wirkung auf das Einkommen der Volkswirtschaft. Expansive Geldpolitik führt zu sinkenden Zinsen, was einerseits die Investitionsgüternachfrage anregt und andererseits zu einer Abwertung der Währung und damit zu einem Anstieg der Nettoexporte führt. Die zusätzliche Nachfrage bringt jedoch auch in der kurzen Frist einen Anstieg des Preisniveaus mit sich, da beispielsweise nicht alle Unternehmen die Nachfrage durch eine Ausdehnung der Produktionsmengen befriedigen können und teilweise Löhne und Preise der Volkswirtschaft nicht rigide sind.

Mittelfristig gewinnen die Gewerkschaften an Verhandlungsmacht, da infolge der wirtschaftlichen Expansion Arbeitslosigkeit abgebaut wurde. Somit fordern die Gewerkschaften höhere Löhne, was letztlich zu Preissteigerungen führt. Mittelfristig produziert die Volkswirtschaft wieder auf ihrem natürlichen Produktionsniveau, allerdings auf einem gestiegenen Preisniveau: Geldpolitik ist mittelfristig neutral; siehe zur Veranschaulichung Abbildung 17.

4.1.3. Änderung des Weltzinsniveaus

Zunächst seien wieder die formalen Ergebnisse für die Änderungen der endogenen Größen infolge einer Änderung des Weltzinsniveaus dargestellt:

[40] Unter der Annahme rationaler Wechselkursänderungserwartungen gelten die folgenden Ergebnisse:
$dY/dM=-NX_\varepsilon'/D_{Flex}>0$,
$di/dM=0/D_{Flex}=0$,
$dE/dM=\left[-\left(1-C_Y-I_Y-NX_Y'\right)-\left(1+\mu\right)F_Y'\cdot NX_\varepsilon'\right]/D_{Flex}<0$,
$dP/dM=\left(1+\mu\right)F_Y'NX_\varepsilon'/D_{Flex}>0$.

$$\frac{dY}{di^*} = \frac{L_i' \cdot NX_\varepsilon'}{D_{Flex}} = \frac{+}{+} > 0,$$

$$\frac{di}{di^*} = \frac{NX_\varepsilon' \cdot \left(F_Y' + \mu F_Y' - 1\right) \cdot L(i)}{D_{Flex}} = \frac{+}{+} > 0,$$

$$\frac{dE}{di^*} = \frac{L_i' \cdot \left[\left(1 - C_Y' - I_Y' - NX_Y'\right) + F_Y' NX_\varepsilon' \left(1 + \mu\right)\right] - I_i' \cdot \left(F_Y' + \mu F_Y' - 1\right) \cdot L(i)}{D_{Flex}} = \frac{-}{+} < 0,$$

$$\frac{dP}{di^*} = \frac{-F_Y' \cdot L_i' \cdot NX_\varepsilon' \cdot \left(1 + \mu\right)}{D_{Flex}} = \frac{+}{+} > 0.$$ [41]

Es ergeben sich keine Änderungen der Ergebnisse in diesem Abschnitt gegenüber den im dritten Kapitel dargestellten Ergebnissen. Steigt das Weltzinsniveau an, kommt es infolge von Portfolioumschichtungen zu einer Abwertung der heimischen Währung, was die Nettoexportnachfrage anregt und damit für eine Outputausweitung sorgt. Da annahmegemäß nicht die gesamte Nachfrage befriedigt werden kann, kommt es zu Preisniveausteigerungen in der kurzen Frist. Beobachten die Gewerkschaften die Produktionsausweitung und den Abbau von Arbeitslosigkeit, werden sie in künftigen Lohnverhandlungen höhere Löhne fordern, was die Preise steigen lässt. Der Prozess der Lohn- und Preissteigerung hält so lange an, bis die Wirtschaft wieder auf ihrem natürlichen Produktionsniveau produziert.

4.1.4. Änderung der Wettbewerbssituation

Im Folgenden sei eine Änderung der inländischen Wettbewerbssituation betrachtet. Für die Analyse wird von **rationalen Wechselkursänderungserwartungen** ausgegangen, um die formalen Ausdrücke einfach zu halten.[42] Damit ergeben sich formal die folgenden Änderungen der endogenen Größen:

$$\frac{dY}{d\mu} = \frac{NX_\varepsilon' \cdot F(\bullet) \cdot L(i)}{D_{Flex}} = \frac{-}{+} < 0,$$

[41] Die Annahme rationaler Wechselkursänderungserwartungen führt zu identischen Ergebnissen.

[42] In der Matrix (4.5) sei für die Zinsparität $di = di^*$ angenommen.

$$\frac{di}{d\mu}=\frac{0}{D_{Flex}}=0,$$

$$\frac{dE}{d\mu}=\frac{\left[\left(1-C_Y'-I_Y'-NX_Y'\right)+NX_\varepsilon'\right]\cdot F(\bullet)\cdot L(i)}{D_{Flex}},$$

$$\frac{dP}{d\mu}=\frac{-NX_\varepsilon'\cdot F(\bullet)\cdot L(i)}{D_{Flex}}=\frac{+}{+}>0.$$

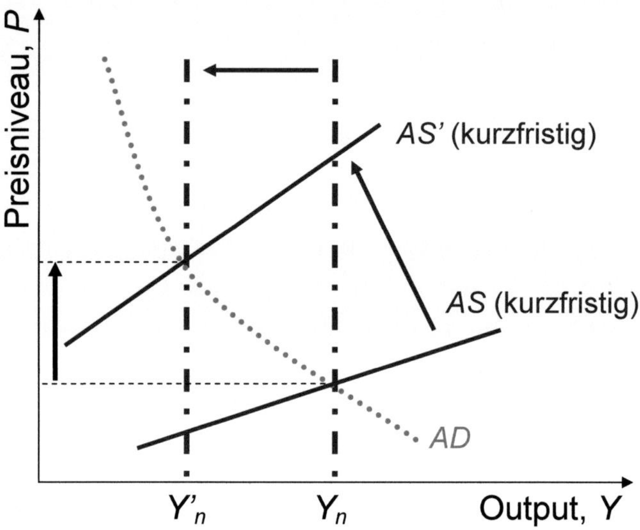

Abbildung 18 Erhöhung des Monopolgrades im Inland.

Erhöht sich beispielsweise der Monopolgrad im Inland, haben die Unternehmen mehr Marktmacht bei der Preissetzung und erhöhen folglich die Preise. Durch diese Maßnahme sinkt allerdings auch das natürliche Produktionsniveau der Volkswirtschaft, wobei die Wirtschaft zunächst über dem neuen natürlichen Produktionsniveau Y_n' produziert. Mittelfristig fordern die Gewerkschaften höhere Löhne, was zu weiteren Preissteigerungen führt, bis die Wirtschaft im neuen natürlichen Produktionsniveau produziert.

4.1.5. Änderung der Arbeitsmarktinstitutionen

Formal ergeben sich für eine Änderung der institutionellen Ausgestaltung des Arbeitsmarktes:

$$\frac{dY}{dz} = \frac{NX'_{\varepsilon} \cdot (1+\mu) F'_z \cdot L(i)}{D_{Flex}} = \frac{-}{+} < 0,$$

$$\frac{di}{dz} = \frac{0}{D_{Flex}} = 0,$$

$$\frac{dE}{dz} = \frac{\left[(1 - C'_Y - I'_Y - NX'_Y) + NX'_{\varepsilon}\right] \cdot (1+\mu) F'_z \cdot L(i)}{D_{Flex}},$$

$$\frac{dP}{dz} = \frac{-NX'_{\varepsilon} \cdot (1+\mu) F'_z \cdot L(i)}{D_{Flex}} = \frac{+}{+} > 0.$$

Die Einführung/Erhöhung von Mindestlöhnen oder Einführung/Ausweitung von Sozialleistungen bei Arbeitslosigkeit, ausgedrückt durch einen Anstieg von *z*, lässt das natürliche Produktionsniveau sinken. Die Volkswirtschaft produziert kurzfristig über dem neuen natürlichen Produktionsniveau Y'_n. Durch die Erhöhung von Sozialleistungen etc. nimmt die Verhandlungsmacht der Gewerkschaft zu, welche höhere Löhne fordert, was sich letztlich in Preissteigerungen niederschlägt; siehe dazu Abbildung 18 oben.

4.2. Feste Wechselkurse

Operiert die betrachtete Volkswirtschaft unter einem System fester Wechselkurse, stellt sich die Geldmenge *M* endogen ein. Dies ist eine Folge der Zentralbankinterventionen auf dem Devisenmarkt. Endogene Größen sind das Volkseinkommen *Y*, die nominale Geldmenge *M*, sowie das Preisniveau *P*. Die Wechselkursparität gilt als glaubwürdig und es werden keine Änderungen der Wechselkursparität betrachtet, d.h. es gilt $\overline{E}_t = \overline{E}^e_{t+1}$. Vereinfachend wie in Abschnitt 4 angenommen, gilt $E = P = 1$, damit ergibt sich die folgende Matrixdarstellung:

$$\begin{pmatrix} (1-C'_Y-I'_Y-NX'_Y) & -I'_i & 0 & -NX'_\varepsilon \\ L(i) & Y\cdot L'_i & -1 & Y\cdot L(i) \\ 0 & 1 & 0 & 0 \\ (1+\mu)F'_Y & 0 & 0 & 1 \end{pmatrix} \cdot \begin{pmatrix} dY \\ di \\ dM \\ dP \end{pmatrix} = \begin{pmatrix} dG + NX'_{Y*}dY^* - NX'_\varepsilon dP^* \\ 0 \\ di^* \\ F(\bullet)d\mu + (1+\mu)F'_z dz \end{pmatrix}. \quad (4.6)$$

Für die Determinante der Koeffizientenmatrix auf der linken Seite von (4.6) ergibt sich:

$$D_{Fix} = (1-C_Y-I_Y-NX_Y) + NX'_\varepsilon \cdot F'_Y \cdot (1+\mu) > 0 .$$

Geldpolitik sei unter dem Regime fester Wechselkurse wieder ausgeschlossen und wird auch nicht im Ansatz durchgeführt.

4.2.1. Fiskalpolitik

Formal ergeben sich für die Änderung der endogenen Größen der Volkswirtschaft mit festen Wechselkursen bei fiskalpolitischen Maßnahmen:

$$\frac{dY}{dG} = \frac{1}{D_{Fix}} = \frac{+}{+} > 0 ,$$

$$\frac{di}{dG} = \frac{0}{D_{Fix}} = 0 ,$$

$$\frac{dM}{dG} = \frac{-(F'_Y + \mu F'_Y - 1)\cdot L(i)}{D_{Fix}} = \frac{+}{+} > 0 ,$$

$$\frac{dP}{dG} = \frac{-F'_Y \cdot (1+\mu)}{D_{Fix}} = \frac{+}{+} > 0 .$$

Fiskalpolitik hat in einer Volkswirtschaft mit festen Wechselkursen wieder reale Wirkungen auf den Output. Zur Erklärung der Wirkung sei auf das zweite Kapitel verwiesen. Unter Einbezug des Arbeitsmarktes in die Betrachtung führt expansive Fiskalpolitik zu Preisniveausteigerungen, welche zunächst aus Preisanpassungen an die gestiegene Nachfrage bestehen. Mittelfristig beobachten die Gewerkschaften eine Zunahme der Beschäftigung und einen Rückgang der Arbeitslosigkeit, was sie zu höheren Lohnforderungen veranlasst. Die Unternehmen wälzen die gestiegenen Löhne auf die Preise um, womit das Preisniveau steigt. Der Prozess hält so lange an, bis die Volkswirtschaft mittelfristig wieder auf dem natürlichen Produktionsniveau produziert. Fraglich ist bei der Staatsausgabenerhöhung wieder die Finanzierung. Da zur Rückzahlung von Schulden in der Zukunft die Steuern erhöht werden müssen, sollte es in der Zukunft auch zu einem Rückgang der Nachfrage kommen; siehe dazu Abbildung 17 oben.

Eine Steuererhöhung führt wieder zu gegenteiligen Effekten wie eine Staatsausgabenerhöhung. Die Multiplikatoren einer Änderung der ausländischen Nachfrage oder des ausländischen Preisniveaus unterscheiden sich hinsichtlich ihres Vorzeichens nicht von denen der Staatsausgabenänderung.[43]

4.2.2. Zinsänderung im Ausland

Zunächst seien wieder die formalen Änderungen der endogenen Größen bei einer Änderung des ausländischen Zinsniveaus aufgezeigt:

$$\frac{dY}{di^*} = \frac{I_i'}{D_{Fix}} = \frac{-}{+} < 0,$$

$$\frac{di}{di^*} = \frac{\left(1 - C_Y' - I_Y' - NX_Y'\right) + F_Y' \cdot NX_\varepsilon' \cdot \left(1 + \mu\right)}{D_{Fix}} = \frac{+}{+} > 0,$$

$$\frac{dM}{di^*} = \frac{L_i' \cdot \left[\left(1 - C_Y' - I_Y' - NX_Y'\right) + F_Y' NX_\varepsilon' \left(1 + \mu\right)\right] - I_i' \cdot \left(F_Y' + \mu F_Y' - 1\right) \cdot L(i)}{D_{Fix}} = \frac{-}{+} < 0,$$

$$\frac{dP}{di^*} = \frac{-F_Y' \cdot I_i' \cdot \left(1 + \mu\right)}{D_{Fix}} = \frac{-}{+} < 0.$$

Ein Anstieg der Zinsen im Leitwährungsland führt zu Kapitelabflüssen und folglich Abwertungsdruck, in dessen Folge sich die inländische Geldmenge reduziert, was zu steigenden Zinsen führt, bis die Zinsparitätenbedingung wieder erfüllt ist. Die gestiegenen Zinsen lassen die Investitionsgüternachfrage sinken, was zu rückläufigem Einkommen und zu einem Rückgang der Beschäftigung führt. Letzterer lässt die Verhandlungsmacht der Gewerkschaft schwinden,

[43] Die Größen werden jedoch wieder durch NX_{Y*}' und NX_ε' beeinflusst.

welche in den folgenden Lohnverhandlungen Lohnzurückhaltung übt und folglich das Preisniveau sinken kann. Die Lohnzurückhaltung in Verbindung mit einem Preisniveaurückgang muss solange anhalten, bis die Wirtschaft wieder auf ihrem natürlichen Produktionsniveau produziert.

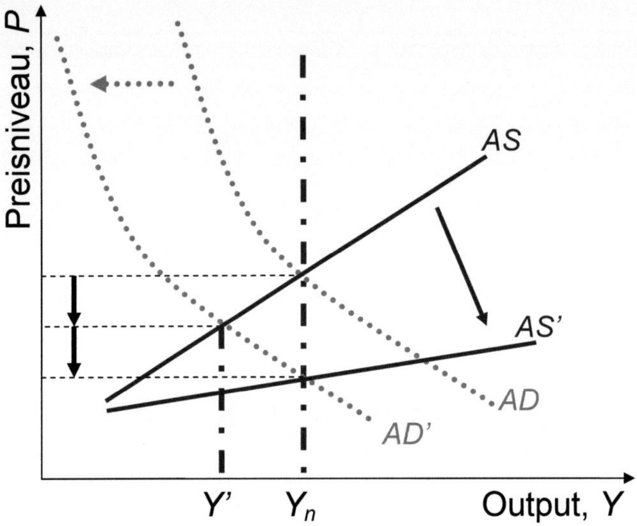

Abbildung 19 Anstieg der Zinsen im Ausland im *AS-AD*-Modell.

4.2.3. Änderung der Wettbewerbs- und Arbeitsmarktsituation

Für veränderte Wettbewerbsbedingungen ergeben sich in einer Volkswirtschaft mit festem Wechselkursregime für die endogenen Größen:

$$\frac{dY}{d\mu} = \frac{NX'_{\varepsilon} \cdot F(\bullet)}{D_{Fix}} = \frac{-}{+} < 0,$$

$$\frac{di}{d\mu} = \frac{0}{D_{Fix}} = 0,$$

$$\frac{dM}{d\mu} = \frac{\left[\left(1 - C'_Y - I'_Y - NX'_Y\right) + NX'_{\varepsilon}\right] \cdot F(\bullet) \cdot L(i)}{D_{Fix}},$$

$$\frac{dP}{d\mu} = \frac{F(\bullet)\cdot(1 - C'_Y - I'_Y - NX'_Y)}{D_{Fix}} = \frac{+}{+} > 0 .$$

Findet in der betrachteten Volkswirtschaft beispielsweise mehr Wettbewerb statt, ausgedrückt durch den sinkenden Parameter μ, kommt es zu einem Anstieg des natürlichen Produktionsniveaus. Der zunehmende Wettbewerb sorgt für einen Preisrückgang, was die Reallöhne ansteigen lässt und Teile des Arbeitskräftebestandes zur Aufnahme einer Tätigkeit motiviert. Die Löhne geraten unter Druck, was zu Preisrückgängen führt, bis die Volkswirtschaft auf dem neuen natürlichen Produktionsniveau produziert.

Für eine Änderung der institutionellen Ausgestaltung des Arbeitsmarktes ergeben sich für die endogenen Größen die gleichen Vorzeichen wie bei einer Änderung der Wettbewerbssituation.[44]

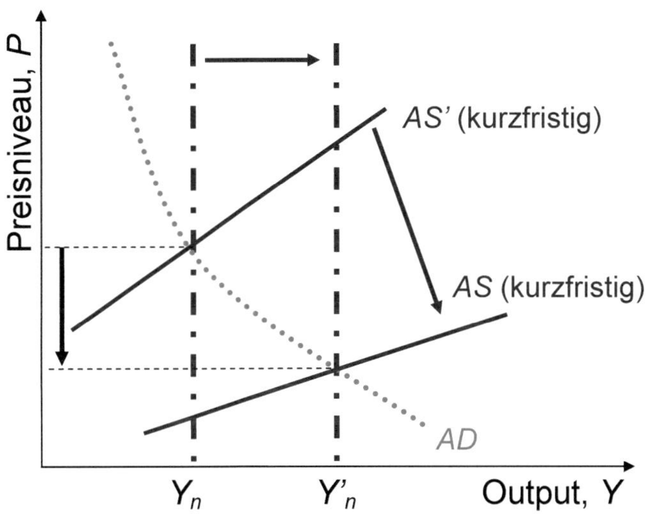

Abbildung 20 Abnahme des Monopolgrades im *AS-AD*-Modell.

[44] Es ergeben sich:

$dY/dz = NX'_\varepsilon \cdot (1+\mu) F'_z / D_{Fix} < 0$,

$di/dz = 0/D_{Fix} = 0$,

$dM/dz = [(1 - C'_Y - I'_Y - NX'_Y) + NX'_\varepsilon] \cdot (1+\mu) F'_z \cdot L(i) / D_{Fix}$,

$dP/dz = (1+\mu) \cdot F'_z \cdot (1 - C'_Y - I'_Y - NX'_Y) / D_{Fix} > 0$.

4.3. Fazit

Tabelle 6 fasst die Ergebnisse der Änderung bestimmter exogener Größen auf den Output der betrachteten Volkswirtschaft in der kurzen Frist zusammen. Dabei ergeben sich keine Unterschiede im Vergleich zu den beiden zuvor betrachteten Darstellungen. Geldpolitik ist in der kurzen Frist wirksam, während die Wirksamkeit fiskalpolitischer Maßnahmen von den Annahmen bezüglich des zukünftigen Wechselkurses abhängen.

Wechselkurs-system	G	M	Y^*	P^*	i^*	μ	z
Flexibel	+	+	+	+	+	-	-
Fix	+		+	+	-	-	-

Tabelle 6 Ergebnisübersicht 1 Kapitel 4.
Kurzfristige Wirkung auf den Output bei Veränderung bestimmter exogener Größen.

Werden rationale Wechselkurserwartungen unterstellt, haben Fiskalpolitik und Änderungen des ausländischen Preisniveaus bzw. der ausländischen Güternachfrage keine Outputwirkung. Letztere stellt sich dagegen unter der Annahme eines konstanten erwarteten zukünftigen Wechselkurses ein. Änderungen der institutionellen Ausgestaltung des Arbeitsmarktes bzw. der Wettbewerbssituation in der Volkswirtschaft haben auch kurzfristige Outputwirkungen.

Wechselkurs-system	G	M	Y^*	P^*	i^*	μ	z
Flexibel	0	0	0	0	0	-	-
Fix	0		0	0	0	-	-

Tabelle 7 Ergebnisübersicht 2 Kapitel 4.
Mittelfristige Wirkung auf den Output bei Veränderung bestimmter exogener Größen.

Tabelle 7 stellt die bisherigen Ergebnisse in der mittleren Frist dar: Geld- und Fiskalpolitik können, unabhängig von der Wahl des Wechselkursregimes, den Output und damit das Einkommen der Volkswirtschaft mittelfristig nicht verändern. Lediglich Änderungen, welche die Angebotsseite der Volkswirtschaft betreffen, d.h. die Wettbewerbssituation und die institutionelle Arbeitsmarktausgestaltung, können mittelfristig den Output der Volkswirtschaft beeinflussen. Kurzfristig eignen sich Geld- und Fiskalpolitik um Stabilisierungspolitik zu betreiben und Nachfrageschwankungen auszugleichen, mittelfristig ist durch diese Maßnahmen keine

Outputausweitung möglich, da durch expansive Geld- und Fiskalpolitik mittelfristig lediglich das Preisniveau steigt, siehe Tabelle 8 unten.

Wechselkurs-system	G	M	Y^*	P^*	i^*	μ	z
Flexibel	+	+	+	+	+	+	+
Fix	+		+	+	-	+	+

Tabelle 8 Ergebnisübersicht 3 Kapitel 4.
Wirkung auf das Preisniveau bei Veränderung bestimmter exogener Größen.

5 Volkswirtschaft mit Effizienzlöhnen

In diesem Kapitel wird das bekannte Mundell-Fleming-Modell um eine Angebotsfunktion mit Effizienzlöhnen erweitert. Diese einfache Modifikation bringt eine Umkehrung der bisherigen Ergebnisse mit sich: Geldpolitik erweist sich in der betrachteten Effizienzlohnwirtschaft unter flexiblen Wechselkursen als wirkungslos, während Fiskalpolitik infolge der Effizienzlohnzahlung auch unter einem Regime flexibler Wechselkurse wirkungsvoll ist.

Box 8: Effizienzlöhne

Die Zahlung von Effizienzlöhnen gilt als unternehmerisches Mittel um die Produktivität der Arbeiter zu beeinflussen, d.h. je höher der gezahlte Lohn, desto höher die Produktivität der Arbeiter. Als prominentes Beispiel für die Einführung von Effizienzlöhnen gilt Henry Ford, der seinen Angestellten 1914 5 \$ pro 8-Stunden-Tag statt 1913 2,30 \$ pro 9-Stunden-Tag zahlte. Durch die Lohnerhöhung konnte die Produktivität gesteigert, die Fluktuations- und Entlassungsraten gesenkt werden, siehe dazu u.a. Blanchard (2008).

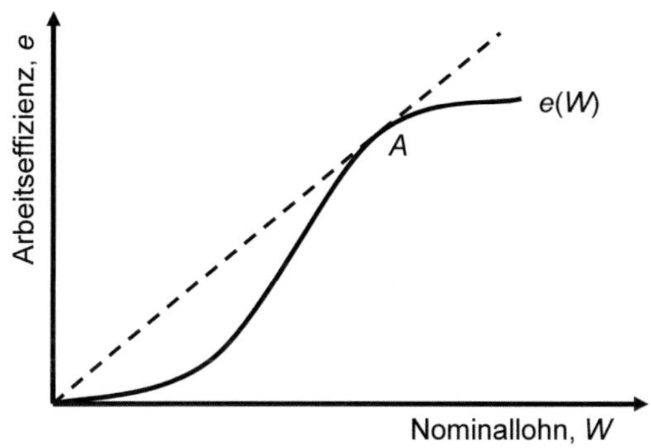

Abbildung 21 Effizienzlohnkurve.

Abbildung 21 stellt eine Effizienzlohnkurve dar: Bis Punkt *A* führt eine Lohnerhöhung zu einer überproportionalen Ausdehnung der Arbeitseffizienz, ab Punkt *A* sind nur noch unterdurchschnittliche Produktivitätssteigerungen zu erwarten. Unternehmen versuchen einen Lohn bei Punkt *A* zu zahlen, da somit der Arbeitseinsatz pro Lohneinheit maximiert wird.

Liegt der Effizienzlohn über dem markträumenden Lohn, der dem Grenzprodukt der Arbeit entspricht, entsteht in der Volkswirtschaft Arbeitslosigkeit. Wie im traditionellen Mundell-

Fleming-Modell herrscht in der Volkswirtschaft Unterbeschäftigung und es wäre eine Ausweitung des volkswirtschaftlichen Outputs durch eine Ausweitung der Beschäftigung möglich.

Goerke/Holler (1997) stellen verschiedenen Effizienzlohnmodelle vor, die einen Zusammenhang zwischen Arbeitseffizienz und Lohnhöhe begründen. Zunächst sei der Motivationsaspekt genannt: Je höher die Bezahlung, desto höher die Motivation der Arbeiter. Ein weiterer Erklärungsansatz liefern die „Shirking-Modelle“: Der Arbeiter muss zwischen „Faulenzen“ und „Arbeiten“ abwägen, während das Unternehmen seinen Arbeitseinsatz nur stochastisch kontrollieren kann. Ein höherer Lohn erhöht die Opportunitätskosten des Faulenzens und schafft einen Anreiz tatsächlich zu arbeiten. Weiterhin kann durch die Zahlung von Effizienzlöhnen die Fluktuationsrate der Mitarbeiter gesenkt werden, womit das Unternehmen Einarbeitungskosten etc. reduziert. Ein weiterer Erklärungsansatz für die Zahlung hoher Effizienzlöhne liegt im Problem der adversen Selektion bei der Bewerberauswahl: ein niedriger Lohn „lockt“ Bewerber mit niedriger Produktivität an, während ein hoher Lohn diese Bewerber abschrecken soll, woraufhin sich nur Bewerber mit hoher Produktivität im Unternehmen bewerben.

In der betrachteten kleinen offenen Volkswirtschaft wird ein Gut unter vollständiger Konkurrenz produziert. Die Konsumenten können dieses Gut und/oder ein ausländisches Gut, welches ein imperfektes Substitut zum inländischen Gut darstellt, konsumieren. Die Konsumenten wählen einen exogen gegebenen Anteil an in- und ausländischen Gütern; h stellt den Anteil der importierten Güter dar und $(1-h)$ entsprechend die von inländischen Anbietern bezogenen Güter. Die Preisniveaus der in- und ausländischen Güter bestimmen das Gesamtpreisniveau g in der heimischen Volkswirtschaft:

$$g = h \cdot P^{*}/E + (1-h) \cdot P . \tag{5.1}$$

Weiterhin wird die Volkswirtschaft durch die bekannte *IS*- und *LM*-Gleichung sowie der Gleichung für die Zinsparität und einer Angebotsfunktion beschrieben:

IS-Gleichung:
$$Y = C\Big(\underset{+}{Y},\underset{-}{T}\Big) + I\Big(\underset{+}{Y},\underset{-}{i}\Big) + G + NX\left(\underset{-}{Y},\underset{+}{Y^{*}},\underset{-}{\frac{EP}{P^{*}}}\right), \tag{5.2}$$

LM-Gleichung: $$M = P \cdot Y \cdot L\left(\underset{-}{i}\right). \quad (5.3)$$

wobei das Preisniveau *P* wieder als konstant und auf eins normiert angenommen wird und somit aus der Betrachtung entfällt. Die Zinsparitätenbedingung impliziert einen Zusammenhang zwischen den Zinssätzen und dem Wechselkurs. Der Einfachheit halber sei von rationalen Wechselkurserwartungen ausgegangen, d.h. es gilt $E_{t+1}^{e} = E_t$, damit ergibt sich:

Zinsparität: $$i = i^{*}. \quad (5.4)$$

Die Angebotsfunktion der Volkswirtschaft lässt sich wie folgt darstellen:

Angebotsfunktion: $$Y = S\left(\underset{+}{P}, \underset{-}{P^{*}}, \underset{+}{E}\right). \quad (5.5)$$

Box 9: Herleitung der Angebotsfunktion

Die volkswirtschaftliche Produktion erfolgt unter Zahlung von Effizienzlöhnen, es ergibt sich folgende Produktionsfunktion:

$$Y = f\left(X\right), \text{ mit } X = eN,\ df/dX = f' > 0 \text{ und } f'' < 0. \quad (5.6)$$

Es werden Effizienzlöhne in Abhängigkeit von Reallohn – das Preisniveau orientiert sich am Gesamtpreisniveau *g*, siehe Gleichung (5.1) – gezahlt:

$$e = e\left(\frac{W}{g}\right), \text{ mit} \quad (5.7)$$

$$e' = de\left(\frac{W}{g}\right) \Big/ d\left(\frac{W}{g}\right) > 0. \quad (5.8)$$

Die Produktion erfolgt unter vollständiger Konkurrenz und die gesamte Produktionsmenge kann zum Preis *P* abgesetzt werden. Weiterhin werden nur die Lohnkosten in der Gewinnfunktion berücksichtigt:

$$\pi = P \cdot f(X) - W \cdot N. \tag{5.9}$$

Für die Unternehmen ergeben sich aus (5.9) folgende Bedingungen erster Ordnung:[45]

$$\frac{\partial \pi}{\partial W} = \frac{P}{g} \cdot f' \cdot N \cdot e' - N \overset{!}{=} 0 \tag{5.10}$$

und

$$\frac{\partial \pi}{\partial N} = P \cdot e \cdot f' - W \overset{!}{=} 0. \tag{5.11}$$

Gleichung (5.11) kann umgestellt werden und man erhält das Grenzprodukt der Arbeit f', welches u.a. vom Nominallohn W und den Preisen für inländische Güter P abhängt:

$$f' = \frac{W}{P \cdot e}. \tag{5.12}$$

Die Arbeitseffizienz e wird durch die Effizienzkurve der Unternehmen festgelegt. Der optimale Lohnsatz ergibt sich, wenn beispielsweise eine Gehaltssteigerung um ein Prozent einen Arbeitsanstieg um ein Prozent mit sich brächte. Aus der Verbindung der Bedingungen erster Ordnung, (5.10) und (5.11), ergibt sich die Solow-Bedingung:

$$\frac{e'}{e} \cdot \frac{w^e}{g} = 1, \tag{5.13}$$

welche besagt, dass die Elastizität der Arbeitsnachfrage bezüglich des Lohnes für ein gewinnmaximierendes Unternehmen eins entspricht. Ein Wert über eins bedeutet, dass eine Gehaltssteigerung einen überproportionalen Anstieg des Arbeitseinsatzes mit sich bringt. Die Unternehmen zahlen einen solchen Lohn, der den Arbeitseinsatz ausweitet. Eine Gehaltssteigerung, die nur zu einem unterproportionalen Anstieg des Arbeitseinsatzes führt, ist hingegen ineffizient. Die Unternehmen bestimmen erst den Effizienzlohn unter Erfüllung der Solow-Bedingung und wählen danach die Beschäftigungsmenge N.

[45] Dabei gelten (5.7) und (5.8), d.h. $\pi = P \cdot f\left(N \cdot e\left(W/g\right)\right) - W \cdot N$.

Die Eigenschaften der Angebotskurve können durch Bildung der totalen Differentiale der Gleichungen (5.6), (5.7) und (5.12) bestimmt werden:

Aus (5.6) folgt $$dY = f'(X)dX\,, \qquad (5.14)$$

aus (5.7) folgt $$de = \left(\frac{dW}{g} - \frac{W \cdot dg}{g^2}\right) \cdot e'\left(\frac{W}{g}\right) = \left(dW - W \cdot dg\right) \cdot e'\,, \qquad (5.15)$$

aus (5.12) folgt $$f''dX = \frac{dW}{e \cdot P} - \frac{W \cdot dP}{e \cdot P^2} - \frac{W \cdot de}{e^2 \cdot P}\,, \qquad (5.16)$$

bzw. vereinfacht zu $e \cdot f''dX + f'de = dW - W \cdot dP$, wobei (5.12), d.h. $f' = W/e$, und die Annahmen $P = g = 1$ berücksichtigt wurden. Mithilfe der Gleichungen (5.14) bis (5.16) gelangt man zu dem Ausdruck:[46]

$$dY = f' \cdot \frac{dw - w \cdot dP + \left(w \cdot dg - dw\right) \cdot f' \cdot e'}{f'' \cdot e}\,. \qquad (5.17)$$

Unter Berücksichtigung von $P = g = 1$ ergibt sich für (5.10) $f' \cdot e' = 1$, damit vereinfacht sich (5.17) zu:

$$dY = f' \cdot \frac{W \cdot \left(dg - dP\right)}{f'' \cdot e}\,. \qquad (5.18)$$

Weiterhin sei unter Berücksichtigung von $P = 1$ Gleichung (5.12), d.h. $f' = W/e$, mit einbezogen. Infolge der Definition des Gesamtpreisniveaus g (5.1) gilt für Veränderungen des Gesamtpreisniveaus unter den Annahmen $dh = 0$ und $E = P^* = 1$:

$$dg = dP - h \cdot \left(dP - dP^* + dE\right).$$

[46] Der Ausdruck de in Gleichung (5.16) wird durch den entsprechenden Ausdruck aus Gleichung (5.15) ersetzt. Anschließend wird diese neue Gleichung nach dX aufgelöst. Der so gewonnene Ausdruck wird in Gleichung (5.14) eingesetzt, so dass man eine Gleichung für dY erhält.

Damit kann (5.18) umformuliert werden zu:

$$dY = (f')^2 \cdot \frac{-h \cdot (dP - dP^* + dE)}{f''}. \tag{5.19}$$

Damit gelten folgende Zusammenhänge:

$$S'_P = \frac{dY}{dP} = -\frac{(f')^2 \cdot h}{f''} > 0, \tag{5.20}$$

$$S'_{P*} = \frac{dY}{dP^*} = \frac{(f')^2 \cdot h}{f''} < 0, \tag{5.21}$$

$$S'_E = \frac{dY}{dE} = -\frac{(f')^2 \cdot h}{f''} > 0. \tag{5.22}$$

Das inländische aggregierte Güterangebot wird ausgeweitet, wenn die Preise für inländische Güter steigen. Dies entspricht den bekannten Annahmen, vgl. viertes Kapitel. Wertet die inländische Währung auf, d.h. steigt *E*, steigt auch das inländische Güterangebot. Andersherum führt eine Abwertung zu einer Reduzierung des inländischen Güterangebotes. Die Veränderung des Outputs bei einer Veränderung des Preisniveaus oder des Wechselkurses sind identisch, d.h. es gilt: $S'_P = S'_E$. Ein Anstieg des ausländischen Preisniveaus bringt eine Reduzierung des inländischen Güterangebotes mit sich. Die Wirkung einer Preisniveauänderung im Ausland auf den inländischen Output entspricht betragsmäßig der Änderung des inländischen Preisniveaus oder der Änderung des nominalen Wechselkurses.

In die *AS*-Gleichung, welche im vorherigen Kapitel dargestellt wurde, floss der nominale Wechselkurs nicht mit ein und hatte daher keinen Einfluss auf die Angebotsseite der Volkswirtschaft.

Anmerkung zur Solow-Bedingung: Die hier hergeleitete Solow-Bedingung stellt nur einen Spezialfall dar. Sie ändert sich unter anderem, wenn Sozialabgaben, die vom Arbeitnehmer zu entrichten sind, in das Modell integriert werden. Die Elastizität des Arbeitseinsatzes sinkt dann unter eins. Auf eine Erhöhung von Sozialabgaben reagiert ein effizienzlohnzahlendes Unternehmen mit einer Lohnsteigerung und einer Beschäftigungsreduktion. Die Höhe des Effizienzlohnes hängt von der Produktionsfunktion und dem Zusammenhang zwischen Arbeitseinsatz und Produktionsergebnis ab. Die Solow-Bedingung ändert sich, sobald es zu kollektiven Lohnverhandlungen kommt, auch in diesem Fall ist die Elastizität des Arbeitseinsatzes bezüglich des Lohnes kleiner als eins.

Eine Herleitung und Beschreibung der Angebotsfunktion unter Angabe des nominalen Wechselkurses in Preisnotierung findet sich in Goerke/Holler (1997).

5.1. Flexible Wechselkurse

Nach Bildung der totalen Differentiale aus (5.2) bis (5.5) und nach Umstellen ergibt sich folgende Matrixdarstellung mit den vier endogenen Größen *Y*, *i*, *E* und *P*, wobei das in- und ausländische Preisniveau als konstant angenommen und auf eins normiert werden:

$$\begin{pmatrix} \left(1-C'_Y-I'_Y-NX'_Y\right) & -I'_i & -NX'_\varepsilon & -NX'_\varepsilon \\ L(i) & Y\cdot L'_i & 0 & Y\cdot L(i) \\ 0 & 1 & 0 & 0 \\ 1 & 0 & -S'_E & -S'_P \end{pmatrix} \cdot \begin{pmatrix} dY \\ di \\ dE \\ dP \end{pmatrix} = \begin{pmatrix} dG+NX'_{Y*}dY^*-NX'_\varepsilon dP^* \\ dM \\ di^* \\ S'_{P*}dP^* \end{pmatrix} . \quad (5.23)$$

Es gelten $P=P^*=E=1$ und weiterhin sei eine Steueränderung nicht betrachtet, d.h. es gilt annahmegemäß $dT=0$. Damit ergibt sich für die Determinante der Koeffizientenmatrix in (5.23):

$$D_{Flex}=\left(NX'_\varepsilon\cdot\left(S'_P-S'_E+Y\right)-\left(1-C'_Y-I'_Y-NX'_Y\right)\cdot S'_E\cdot Y\right)<0. \quad (5.24)$$

Es gelten $S'_P>0$ und $S'_E>0$.[47] Weiterhin gilt $S'_P=S'_E$, womit die Determinante folglich einen negativen Wert annimmt.

Im Referenzszenario einer kleinen offenen Volkswirtschaft gilt $S'_E=0$, damit ergibt sich für (5.23):

[47] Siehe dazu Box 9: Herleitung der Angebotsfunktion und insbesondere die Gleichungen (5.20) und (5.22).

$$\begin{pmatrix} (1-C'_Y-I'_Y-NX'_Y) & -I'_i & -NX'_\varepsilon & -NX'_\varepsilon \\ L(i) & Y\cdot L'_i & 0 & Y\cdot L(i) \\ 0 & 1 & 0 & 0 \\ 1 & 0 & 0 & -S'_P \end{pmatrix}\cdot\begin{pmatrix} dY \\ di \\ dE \\ dP \end{pmatrix}=\begin{pmatrix} dG+NX'_{Y*}dY^*-NX'_\varepsilon dP^* \\ dM \\ di^* \\ S'_{P*}dP^* \end{pmatrix}.$$ [48]

Damit hatte Fiskalpolitik keine Wirkung auf den Output.[49] Geldpolitik hat dagegen eine reale Outputwirkung.[50] Die Ergebnisse wurden ausführlich im zweiten Kapitel der vorliegenden Arbeit dargestellt.

5.1.1. Fiskalpolitik

Formal ergibt sich bei einer Veränderung der Staatsausgaben für die endogenen Größen:

$$\frac{dY}{dG}=\frac{-S'_E\cdot YL(i)}{D_{Flex}}=\frac{-}{-}>0,$$

$$\frac{di}{dG}=\frac{0}{D_{Flex}}=0,$$

$$\frac{dE}{dG}=\frac{-S'_P\cdot L(i)-Y\cdot L(i)}{D_{Flex}}=\frac{-}{-}>0,$$

$$\frac{dP}{dG}=\frac{S'_E\cdot L(i)}{D_{Flex}}=\frac{+}{-}<0.$$

---

48 Für die Determinante der Koeffizientenmatrix ergibt sich: $D=NX'_\varepsilon\cdot(S'_P+Y)\cdot L(i)<0$.

49 Es ergibt sich: $dY/dG=0/D=0$. Bei einer Erhöhung der Staatsausgaben wertet der Wechselkurs auf: $dE/dG=[-(S'_P+Y)\cdot L(i)]/D>0$ und der inländische Zins entspricht nach Ablauf der Anpassungsprozesse weiterhin dem Weltmarktzins: $di/dG=0/D=0$. Das Preisniveau ändert sich durch die Erhöhung der Staatsausgaben nicht, da die zusätzliche Nachfrage voll befriedigt werden kann: $dP/dG=0/D=0$.

50 Für eine Änderung der Geldmenge ergibt sich: $dY/dM=NX'_\varepsilon\cdot S'_p/D>0$. Der inländische Zinssatz entspricht nach Ablauf der Anpassungsprozesse dem Weltzinsniveau: $di/dM=0/D=0$. Der Wechselkurs wertet durch eine Ausdehnung der Geldmenge infolge kurzfristiger internationaler Zinsunterschiede ab: $dE/dM=(-NX'_\varepsilon+(1-C'_Y-I'_Y-NX'_Y)\cdot S'_P)/D<0$. Das Preisniveau steigt durch eine Geldmengenausweitung an: $dP/dM=NX'_\varepsilon/D>0$.

Erklärung:

Eine Staatsausgabenveränderung lässt den Wechselkurs und das Preisniveau unterschiedlich variieren. Der Wechselkurs reagiert dabei stärker auf die Änderung der Staatsausgaben als das Preisniveau. Unter Berücksichtigung von $S'_P = -S'_E$ zeigt sich die unterschiedliche Wirkungsstärke einer Staatsausgabenänderung auf das Preisniveau und den Wechselkurs:

$$\frac{dE}{dG} = \frac{-S'_P \cdot L(i) - Y \cdot L(i)}{D_{Flex}} > \frac{S'_P \cdot L(i)}{D_{Flex}} = \frac{dP}{dG}. \tag{5.25}$$

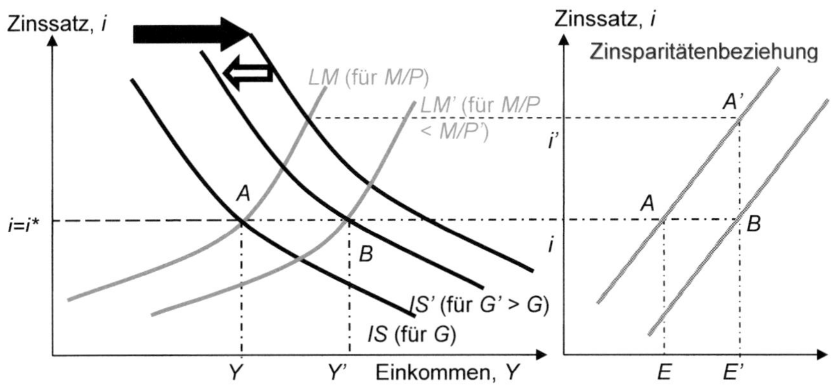

Abbildung 22 Expansive Fiskalpolitik im Effizienzlohnmodell (flexible Wechselkurse).

Kommt es zu einer Erhöhung der Staatsausgaben, reduziert sich das Preisniveau und es kommt zum Anstieg des Wechselkurses, d.h. einer Aufwertung der inländischen Währung. Letztere resultiert aus den tendenziell steigenden Zinsen infolge der Staatsausgabenerhöhung. Die Änderung des Wechselkurses lässt die Importe günstiger werden, der Anteil der ausländischen Güter h am Gesamtpreisniveau bleibt jedoch konstant. Die heimischen Unternehmen können den gesunkenen Preisen der Importgüter begegnen, indem sie selbst die Preise reduzieren. Dies schmälert einerseits die Erlöse der Unternehmen, sie kürzen jedoch andererseits auch den Nominallohn W, was die Kosten senkt.

Der Wechselkurs steigt stärker als das inländische Preisniveau sinkt, anders ausgedrückt: Die Aufwertung der heimischen Währung fällt stärker aus als der Preisniveaurückgang, siehe Gleichung (5.25). Daraus ergeben sich Folgen für die Lohnsetzung der Unternehmen. Die Arbeitseffizienz e ist abhängig vom Reallohn, welcher durch das Gesamtpreisniveau g bestimmt ist. Dieses Gesamtpreisniveau sinkt allerdings stärker als P allein, siehe Gleichung (5.1). Der Anteil in- und ausländischen Güter sowie das ausländische Preisniveau P^* bleiben unverändert. Um den bisherigen Arbeitseinsatz sicherzustellen, senken die Unternehmen den Nominallohn W im gleichen Maße wie g gesunken ist. Damit wird sichergestellt, dass Reallohn und Arbeitseffizienz unverändert bleiben. Die Solow-Bedingung beträgt weiterhin eins.

Es ergibt sich dessen ungeachtet eine Änderung für die Grenzproduktivität der Arbeit. Mithilfe der Gleichung (5.12), $f' = W/(P \cdot e)$, wird ersichtlich, dass die Grenzproduktivität der Arbeit f' gesunken ist, da der Nominallohn W stärker sank als P allein; e soll konstant bleiben. Diese gesunkene Grenzproduktivität der Arbeit gleichen die Unternehmen gemäß (5.10) aus, indem sie die Beschäftigung N erhöhen. Aus der Produktionsfunktion, dargestellt durch Gleichung (5.9), wird ersichtlich, dass mit zunehmender Beschäftigungsmenge der Output steigt. Der ursprüngliche Nachfrageanstieg geht unter Einbezug von Effizienzlöhnen mit einer Beschäftigungsausweitung und damit einer Angebotsausweitung einher.

5.1.2. Geldpolitik

Zunächst werden wieder die formalen Ergebnisse für eine Änderung der endogenen Größen bei einer Variation der Geldmenge M dargestellt:

$$\frac{dY}{dM} = \frac{NX'_\varepsilon \cdot S'_P - NX'_\varepsilon \cdot S'_E}{D_{Flex}} = 0,$$

wobei $S'_P = S'_E$ berücksichtigt wurde;

$$\frac{di}{dM} = \frac{0}{D_{Flex}} = 0,$$

$$\frac{dE}{dM} = \frac{-NX'_\varepsilon + \left(1 - C'_Y - I'_Y - NX'_Y\right) \cdot S'_P}{D_{Flex}} = \frac{+}{-} < 0,$$

$$\frac{dP}{dM} = \frac{NX'_\varepsilon - \left(1 - C'_Y - I'_Y - NX'_Y\right) \cdot S'_E}{D_{Flex}} = \frac{-}{-} > 0.$$

Erklärung:

Eine Erhöhung der Geldmenge zeigt keine realen Wirkungen. Die Geldmengenexpansion bringt ein Sinken des nominalen Wechselkurses E mit sich. Die heimische Währung wertet ab, und zwar genau in dem Verhältnis, wie das Preisniveau P steigt, vgl. dE/dM mit dP/dM, folglich ändert sich auch der reale Wechselkurs nicht.

Die *IS*-Kurve in Abbildung 23 verschiebt sich nach rechts, solange sich die Preisniveauänderung nicht realisiert (dies ist aus Gründen der Übersichtlichkeit in Abbildung 23 nicht dargestellt). Durch den Preisniveauanstieg verschiebt sich die *LM*-Kurve wieder zurück: Das reale Geldangebot sinkt wieder. Infolge des damit verbundenen Einkommensrückgangs verschiebt sich die *IS*-Kurve ebenfalls wieder zurück (hier nicht eingezeichnet). Der nominale Wechselkurs bleibt abgewertet, da die Wechselkursreduzierung genau den Preisniveauanstieg reflektiert, was den realen Wechselkurs ε unverändert lässt. Der Außenhandel bleibt von der geldpolitischen Maßnahme unbeeinflusst.

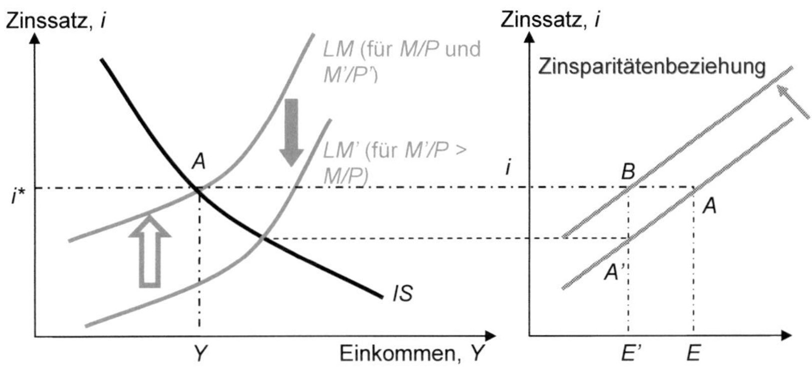

Abbildung 23 Expansive Geldpolitik im Effizienzlohnmodell (flexible Wechselkurse).

Das Gesamtgüterpreisniveau g steigt, was auch einen Nominallohnanstieg in gleicher Höhe mit sich bringt. Da somit der Nominallohn W und die Preise der inländischen Güter P in gleichem Verhältnis steigen, bleibt die Grenzproduktivität der Arbeit nach (5.12) unverändert und somit besteht kein Anlass für die Unternehmen die Beschäftigung auszudehnen. Die Geldmengenausweitung schlägt sich in einer Abwertung und einem Preisniveauanstieg nieder. Im Standardmodell, welches im zweiten Kapitel dargestellt wurde, hat eine Ausweitung der Geldmenge eine Wirkung auf den Output: Durch die Geldmengenexpansion sinkt der Zinssatz, wodurch die Wirtschaft über den Investitions- und den Wechselkurskanal wächst. Steigt infolge dieser Entwicklung das Preisniveau, reduzieren sich bei konstanten Nominallöhnen die Reallöhne, was zu einer Beschäftigungsausweitung führt und folglich die Outputausdehnung ermöglicht. Unter Einbezug von Effizienzlöhnen werden die Nominallöhne jedoch an das gestiegene Preisniveau angepasst, was reale Effekte unterbindet. Dabei stellt sich allerdings die Frage, inwieweit Nominallohnrigiditäten vorliegen und eine prompte Nominallohnanpassung verhindern.

5.1.3. Änderung des Welteinkommens

Für eine Änderung des Welteinkommens Y^* ergeben sich hinsichtlich der Vorzeichen die gleichen Ergebnisse wie bei einer Änderung der Staatsausgaben. Der flexible Wechselkurs verliert seine Wirkung als Schockabsorber: Änderungen der Weltnachfrage schlagen sich auch auf den inländischen Output nieder.

Erhöht sich das Welteinkommen Y^*, steigt folglich auch die Nachfrage nach inländischen Gütern, was zu einer Aufwertung der heimischen Währung führt, d.h. E steigt. Letzteres lässt die Importe günstiger werden, woraufhin auch inländische Unternehmen die Preise senken müssen.

Die Aufwertung der Währung fällt dabei wieder stärker aus, als der Preisniveaurückgang im Inland. Der Nominallohn W sinkt proportional zum Rückgang des Gesamtpreisniveaus g. Es kommt – wie in Abschnitt 5.1.1 beschrieben – zu einem Rückgang der Grenzproduktivität der Arbeit, auf welchen die Unternehmen mit einer Ausdehnung der Beschäftigung reagieren, was wiederum eine Ausdehnung des Outputs ermöglicht.

5.1.4. Änderung des Weltzinsniveaus

Zunächst ergeben sich formal bei einer Änderung des Weltzinsniveaus für die endogenen Größen:

$$\frac{dY}{di^*} = \frac{-I_i' \cdot YL \cdot (i) \cdot S_E'}{D_{Flex}} = \frac{+}{-} < 0 ,$$

wobei $S_P' = S_E'$ beachtet wurde;

$$\frac{di}{di^*} = \frac{\left(NX'_\varepsilon - \left(1 - C'_Y - I'_Y - NX'_Y\right) \cdot S'_E\right) \cdot YL(i)}{D_{Flex}} = \frac{-}{-} > 0,$$

$$\frac{dE}{di^*} = \frac{L'_iY \cdot \left(NX'_\varepsilon - \left(1 - C'_Y - I'_Y - NX'_Y\right) \cdot S'_P\right) - I'_i \cdot \left(S'_P + Y\right) \cdot L(i)}{D_{Flex}} = \frac{+}{-} < 0,$$

$$\frac{dP}{di^*} = \frac{L'_iY \cdot \left[\left(1 - C'_Y - I'_Y - NX'_Y\right) \cdot S'_E - NX'_\varepsilon\right] + I'_i \cdot S'_E \cdot L(i)}{D_{Flex}} = \frac{-}{-} > 0.$$

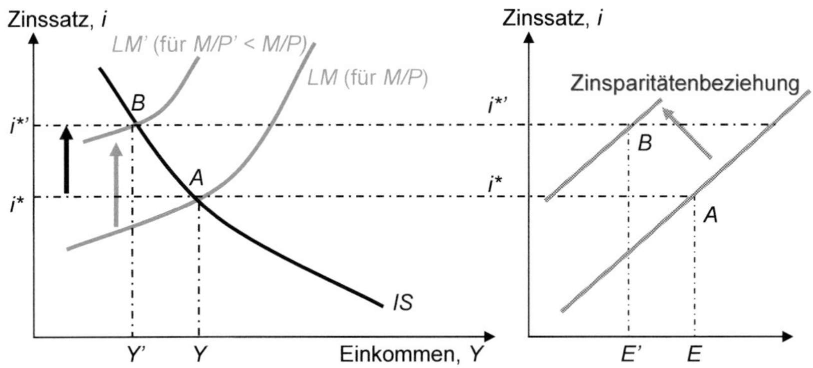

Abbildung 24 Zinserhöhung im Effizienzlohnmodell (flexible Wechselkurse).

Erklärung:

Eine Zinserhöhung auf dem Weltkapitalmarkt führt zu Kapitalabflüssen aus dem Inland, wodurch die inländische Währung abwertet. Im Standardmodell führte diese Abwertung zu einer Ausweitung der Nettoexporte und folglich zu einer Ausweitung des Volkseinkommens. Die Abwertung verteuert in der Effizienzlohnwirtschaft allerdings die Importe, was zunächst das Gesamtpreisniveau g steigen lässt. Letzteres steigt durch den Anstieg des inländischen Preisniveaus P. Durch die unterschiedlich starke Wirkung der Zinserhöhung auf das inländische Preisniveau und den Wechselkurs steigt das Gesamtpreisniveau g stärker als P allein. Die Unternehmen erhöhen den effizienten Nominallohn W im gleichen Maße wie g. Da W folglich stärker steigt als P, erhöht sich die Grenzproduktivität der Arbeit.[51] Die Unternehmen setzen weniger Arbeiter ein und der Output sinkt.

[51] Es gilt (5.12), d.h.: $f' = W/(P \cdot e)$.

5.1.5. Inflation im Ausland

Formal ergeben sich für die endogenen Größen bei einer Änderung des ausländischen Preisniveaus in einer Volkswirtschaft mit Effizienzlöhnen:

$$\frac{dY}{dP^*} = \frac{NX'_\varepsilon \left(S'_E + S'_{P*}\right) \cdot YL(i)}{D_{Flex}} = 0,$$

wobei $S'_E = -S'_{P*}$ berücksichtigt wurde,

$$\frac{di}{dP^*} = \frac{0}{D_{Flex}} = 0,$$

$$\frac{dE}{dP^*} = \frac{\left[\left(1 - C'_Y - I'_Y - NX'_Y\right) \cdot S'_{P*} + NX'_\varepsilon\right] \cdot Y \cdot L(i)}{D_{Flex}} = \frac{-}{-} > 0,$$

wobei $S'_P = -S'_{P*}$ angewandt wurde,

$$\frac{dP}{dP^*} = \frac{-2 \cdot NX'_\varepsilon \cdot S'_E \cdot L(i)}{D_{Flex}} = \frac{+}{-} < 0,$$

wobei $S'_E = -S'_{P*}$ unterstellt wurde.

Eine Veränderung des ausländischen Preisniveaus hat für die betrachtete Volkswirtschaft keine reale Wirkung auf den inländischen Output. Steigt das ausländische Preisniveau, werden verstärkt inländische Güter nachgefragt. Die Nachfrage aus dem Ausland führt zu einer Aufwertung der inländischen Währung. Der zusätzlichen volkswirtschaftlichen Aktivität steht jedoch keine monetäre Alimentierung zur Seite, weshalb es zu einem Druck auf die inländischen Güterpreise kommt, welcher die Verteuerung der ausländischen Güterpreise genau ausgleicht und das Gesamtpreisniveau g unverändert lässt. Damit bleiben auch die Nominallöhne W und die Grenzproduktivität der Arbeit f' unverändert. Flexible Wechselkurse führen in der Effizienzlohnwirtschaft bei rationalen Wechselkurserwartungen zu Deflation im Inland, während das flexible Wechselkursregime die Volkswirtschaft in dem im vierten Kapitel dargestellten Ansatz vor Preisniveauschwankungen aus dem Ausland bewahrt.

5.2. Feste Wechselkurse

Zunächst sei das Mundell-Fleming-Modell mit Effizienzlöhnen und festen Wechselkursen in Matrixform dargestellt. Die Zentralbank des betrachteten kleinen Landes verteidigt die Wechselkursparität, womit sich die Geldmenge M endogen einstellt. Weitere endogene Größen sind das Volkseinkommen Y, der Zinssatz i und das Preisniveau P:

$$\begin{pmatrix} (1-C'_Y-I'_Y-NX'_Y) & -I'_i & 0 & -NX'_\varepsilon \\ L(i) & Y\cdot L'_i & -1 & Y\cdot L(i) \\ 0 & 1 & 0 & 0 \\ 1 & 0 & 0 & -S'_P \end{pmatrix}\cdot\begin{pmatrix} dY \\ di \\ dM \\ dP \end{pmatrix}=\begin{pmatrix} dG+NX'_{Y*}dY^*-NX'_\varepsilon dP^*+NX'_\varepsilon dE \\ 0 \\ di^* \\ S'_{P*}dP^*+S'_E dE \end{pmatrix}. \quad (5.26)$$

Es gelten in (5.26) $P=P^*=E=1$ und weiterhin sei eine Steueränderung nicht betrachtet, d.h. es gilt annahmegemäß $dT=0$. Damit ergibt sich für die Determinante der Koeffizientenmatrix in (5.23):

$$D_{Fest}=NX'_\varepsilon-(1-C'_Y-I'_Y-NX'_Y)\cdot S'_P<0, \quad (5.27)$$

dabei gilt (5.20), $S'_P>0$. Unter dem Regime fester Wechselkurse ist keine autonome Geldpolitik der Zentralbank möglich und entzieht sich somit auch den Betrachtungen. Es werden wieder Fiskalpolitik, eine Änderung des Welteinkommens und des Weltzinsniveaus sowie eine Neufestlegung der Wechselkursparität betrachtet.

5.2.1. Fiskalpolitik

Formal ergibt sich für die Veränderung der Staatsausgaben in einer kleinen offenen Volkswirtschaft mit festen Wechselkursen für die endogenen Größen:

$$\frac{dY}{dG}=\frac{-S'_P}{D_{Fest}}=\frac{-}{-}>0,$$

$$\frac{di}{dG}=\frac{0}{D_{Fest}}=0,$$

$$\frac{dM}{dG} = \frac{-\left(S_P' + Y\right) \cdot L(i)}{D_{Fest}} = \frac{-}{-} > 0,$$

$$\frac{dP}{dG} = \frac{-1}{D_{Fest}} = \frac{-}{-} > 0.$$

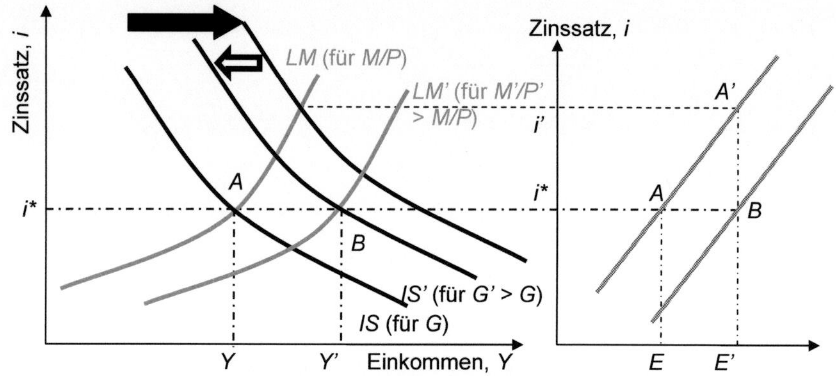

Abbildung 25 Expansive Fiskalpolitik im Effizienzlohnmodell (feste Wechselkurse).

Erklärung:

Wie in den bekannten Darstellungen des Mundell-Fleming-Modells für eine kleine offene Volkswirtschaft mit festen Wechselkursen ist Fiskalpolitik auch unter der Berücksichtigung von Effizienzlöhnen outputwirksam (siehe 0).[52] Eine kreditfinanzierte Staatsausgabenerhöhung hebt den inländischen Zinssatz über das Weltzinsniveau, was zu einem Aufwertungsdruck der heimischen Währung führt. Die Zentralbank kauft die angebotenen Devisen auf, erhöht damit die inländische Geldmenge und fixiert die Wechselkursparität. Das inländische Zinsniveau entspricht nach Abschluss der Anpassungsprozesse wieder dem Weltzinsniveau.

Der zusätzliche Nachfrageanstieg führt zu einem Anstieg des inländischen Preisniveaus. Da der Wechselkurs fixiert ist und sich das ausländische Preisniveau annahmegemäß nicht ändert, erhöht sich das inländische Gesamtpreisniveau unterproportional zum Anstieg der inländischen Güterpreise. Der Nominallohn *W* steigt im gleichen Maße wie das Gesamtpreisniveau *g* ansteigt. Die Erhöhung der inländischen Güterpreise und der dazu unterproportionale An-

[52] Es stellen sich die gleichen Vorzeichen wie im Modellansatz des vierten Kapitels ein.

stieg des Nominallohnes lassen die Grenzproduktivität der Arbeit[53] sinken, woraufhin die Unternehmen die inländische Beschäftigung ausweiten und die zusätzliche Güternachfrage befriedigen können.

5.2.2. Änderung des Welteinkommens

Für eine Änderung des Welteinkommens ergeben sich die gleichen Vorzeichen wie bei einer Erhöhung der Staatsausgaben (siehe Abschnitt 5.2). Ein Anstieg des Welteinkommens führt zu einer zusätzlichen Nachfrage nach inländischen Gütern. Dies führt einerseits zu einer Erhöhung der inländischen Güterpreise und andererseits zu Aufwertungsdruck der inländischen Währung. Letzterem begegnet die Zentralbank durch den Ankauf von Devisen und somit einer Ausweitung der inländischen Geldmenge. Das inländische Gesamtpreisniveau steigt infolge des festen Wechselkurses wieder unterproportional zum Preisanstieg für inländische Güter. Folglich steigt auch der Nominallohn unterproportional zum Anstieg von P, was zu einem Rückgang der Grenzproduktivität der Arbeit und zu einer Ausweitung der Beschäftigung führt. Letzteres ermöglicht die Ausdehnung des Outputs und die Befriedigung der zusätzlichen Nachfrage. Konjunkturelle Schwankungen der Weltnachfrage übertragen sich demnach auch auf den inländischen Output und die inländische Beschäftigung.

5.2.3. Änderung des Weltzinsniveaus

Zunächst ergeben sich formal bei einer Änderung des Weltzinsniveaus für die endogenen Größen:

$$\frac{dY}{di^*} = \frac{-I_i' \cdot S_P'}{D_{Fest}} = \frac{+}{-} < 0 ,$$

$$\frac{di}{di^*} = \frac{NX_\varepsilon' - \left(1 - C_Y' - I_Y' - NX_Y'\right) \cdot S_P'}{D_{Fest}} = \frac{-}{-} > 0 ,$$

$$\frac{dM}{di^*} = \frac{L_i'Y \cdot \left(NX_\varepsilon' - \left(1 - C_Y' - I_Y' - NX_Y'\right) \cdot S_P'\right) - I_i' \cdot L(i) \cdot \left(S_E' + Y\right)}{D_{Fest}} = \frac{+}{-} < 0 ,$$

---

[53] Es gilt $f' = W/(P \cdot e)$.

$$\frac{dP}{di^*} = \frac{-I'_i}{D_{Fest}} = \frac{+}{-} < 0.$$

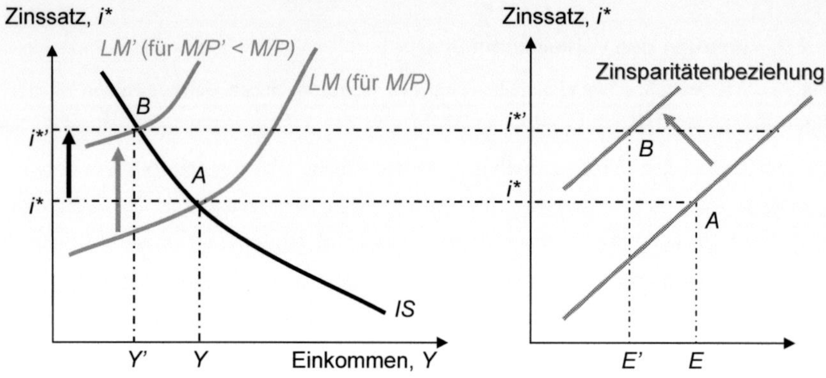

Abbildung 26 Zinserhöhung im Effizienzlohnmodell (feste Wechselkurse).

Erklärung:

Steigt das Weltzinsniveau bzw. das Zinsniveau im Leitwährungsland, strömt inländisches Kapital ins Ausland. Es kommt einerseits zu Wertpapierverkäufen im Inland, wodurch sich der inländische Zins dem Weltzinsniveau anpasst und andererseits zu Abwertungsdruck, da die internationalen Investoren ihr Kapital in Ausland transferieren wollen. Weil die Zentralbank die feste Wechselkursparität verteidigt, gibt sie Devisen in den Markt und reduziert somit die inländische Geldmenge. Der gestiegene Zinssatz lässt die Investitionsgüternachfrage sinken, worauf die Unternehmen mit Preissenkungen reagieren, was auch das Gesamtpreisniveau g unterproportional reduziert. Dadurch sinken auch die Nominallöhne W im Vergleich zu den Güterpreisen für inländische Güter P unterproportional. Beide Effekte führen gemeinsam zu einem Anstieg der Grenzproduktivität der Arbeit und folglich zu einer Reduzierung der Beschäftigung und des Outputs.

5.2.4. Neufestlegung der Wechselkursparität

Formal ergeben sich bei einer Neufestlegung der Wechselkursparität für die vier endogenen Größen:

$$\frac{dY}{dE} = \frac{0}{D_{Fest}} = 0,$$

wobei $S'_P = S'_E$ berücksichtigt wurde;

$$\frac{di}{dE} = \frac{0}{D_{Fest}} = 0,$$

$$\frac{dM}{dE} = \frac{L(i) \cdot Y \cdot \left(\left(1 - C'_Y - I'_Y - NX'_Y\right) \cdot S'_E - NX'_\varepsilon \right)}{D_{Fest}} = \frac{+}{-} < 0,$$

wobei wieder $S'_P = S'_E$ berücksichtigt wurde;

$$\frac{dP}{dE} = \frac{-NX'_\varepsilon + \left(1 - C'_Y - I'_Y - NX'_Y\right) \cdot S'_E}{NX'_\varepsilon - \left(1 - C'_Y - I'_Y - NX'_Y\right) \cdot S'_P} = -1 < 0.\text{[54]} \tag{5.28}$$

Eine einmalige Neufestlegung der Wechselkursparität hat unter einem Regime fester Wechselkurse in einer kleinen offenen Volkswirtschaft mit Effizienzlöhnen keine Outputwirkung.[55] Im Standardmodell konnten durch eine glaubwürdige einmalige Abwertung der inländischen Währung Outputzuwächse generiert werden, da die Exportnachfrage anstieg.

In der Effizienzlohnwirtschaft mit festen Wechselkursen führt die Abwertung ebenfalls zu einer erhöhten Exportgüternachfrage, was sich in einem Preisanstieg niederschlägt. Das Gesamtpreisniveau *g* steigt proportional mit *P*, da auch *P* um den gleichen Wert steigt wie die heimische Währung *E* abgewertet wird, siehe Gleichung (5.28). Der Nominallohn *W* steigt folglich im gleichen Verhältnis wie *g*.

Damit bleiben die Grenzproduktivität der Arbeit und folglich Beschäftigung und Output unverändert, da der Nominallohn *W* und die Preise für inländische Güter *P* im gleichen Maße steigen.

5.2.5. Inflation im Ausland

Infolge einer Preisniveauänderung für ausländische Güter ergeben sich die folgenden formalen Änderungen der endogenen Größen:

---

[54] Dabei wird wiederum $S'_E = S'_P$ angenommen.

[55] Eine Paritätsänderung hat dagegen in einer Volkswirtschaft ohne Effizienzlöhne eine Outputwirkung, siehe Abschnitt 0.

$$\frac{dY}{dP^*} = \frac{0}{D_{Fest}} = 0,$$

wobei $S'_P = -S'_{P*}$ berücksichtigt wurde;

$$\frac{di}{dP^*} = \frac{0}{D_{Fest}} = 0,$$

$$\frac{dM}{dP^*} = \frac{L(i) \cdot Y \cdot \left(\left(1 - C'_Y - I'_Y - NX'_Y\right) \cdot S'_{P*} + NX'_\varepsilon \right)}{D_{Fest}} = \frac{-}{-} > 0,$$

wobei wieder $S'_P = -S'_{P*}$ angewandt wurde;

$$\frac{dP}{dP^*} = \frac{NX'_\varepsilon + \left(1 - C'_Y - I'_Y - NX'_Y\right) \cdot S'_{P*}}{NX'_\varepsilon - \left(1 - C'_Y - I'_Y - NX'_Y\right) \cdot S'_P} = 1 > 0.$$ [56]

Inflation im Ausland hat keine realen Effekte auf die inländische Wirtschaft. Steigt die Inflationsrate im Ausland über die inländische Inflationsrate, verteuern sich ausländische Güter und es werden vermehrt inländische Güter nachgefragt, weshalb das Preisniveau im Inland ebenfalls steigt.

Die Güternachfrage aus dem Ausland führt zu Aufwertungsdruck, dem die Zentralbank aber durch eine Ausweitung der Geldmenge entgegenwirkt. Infolge der Preissteigerungen steigt das Gesamtpreisniveau g und daraufhin die Nominallöhne W. Die Arbeitsproduktivität f' bleibt unverändert, da W und P im gleichen Verhältnis steigen.

5.3. Eingeschränkte Kapitalmobilität

Der Vollständigkeit halber soll in diesem Abschnitt auf eine kleine offene Volkswirtschaft mit Effizienzlöhnen und eingeschränkter Kapitalmobilität eingegangen werden. Die Volkswirtschaft handelt mit dem Ausland und nutzt dabei einen festen Wechselkurs $\overline{E}$. Allerdings sei der Kapitalverkehr mit dem Ausland unterbunden, so dass in- und ausländische Zinsen voneinander abweichen können. Die Zentralbank des Landes kann daher autonom agieren. Es wird

[56] Dabei wird wiederum $-S'_{P*} = S'_P$ beachtet.

wieder ein Gesamtpreisniveau g betrachtet, das sich aus den Preisen für in- und ausländische Güter zusammensetzt:

$$g = h \cdot P^* / \overline{E} + (1-h) \cdot P .$$

Die *IS*-Gleichung[57] für eine offene Volkswirtschaft und die *LM*-Gleichung[58] bleiben erhalten, wobei das Preisniveau P wieder als konstant und auf eins normiert angenommen wird und somit aus der Betrachtung entfällt. Die Gleichung für die Zinsparitätenbedingung entfällt ebenfalls, da von unterbundener Kapitalmobilität ausgegangen wird. Die Angebotsfunktion der Volkswirtschaft entspricht der bisher in diesem Kapitel angenommenen.[59] Endogen ergeben sich in der kleinen offenen Volkswirtschaft mit Effizienzlöhnen und unterbundener Kapitalmobilität das Einkommen Y, der Zinssatz i und das Preisniveau P. Es kann folgendes Gleichungssystem in Matrixform ermittelt werden:

$$\begin{pmatrix} \left(1-C_Y'-I_Y'-NX_Y'\right) & -I_i' & -NX_\varepsilon' \\ L(i) & Y \cdot L_i' & Y \cdot L(i) \\ 1 & 0 & -S_P' \end{pmatrix} \cdot \begin{pmatrix} dY \\ di \\ dP \end{pmatrix} = \begin{pmatrix} dG + NX_\varepsilon' d\overline{E} + NX_{Y*}' dY^* - NX_\varepsilon' dP^* \\ dM \\ S_{P*}' dP^* + S_{\overline{E}}' d\overline{E} \end{pmatrix} . \quad (5.29)$$

Es gelten der Einfachheit halber $P = P^* = \overline{E} = 1$ und weiterhin sei eine Steueränderung nicht mit betrachtet, d.h. es gilt annahmegemäß $dT = 0$. Folglich kann die Determinante der Koeffizientenmatrix aus (5.29) gebildet werden:

$$D = Y \cdot L_i' \cdot \left(NX_\varepsilon' - \left(1-C_Y'-I_Y'-NX_Y'\right) \cdot S_P'\right) - I_i' \cdot L(i) \cdot \left(S_P' + Y\right) > 0 . \quad (5.30)$$

Zinsarbitrage zwischen In- und Ausland sei annahmegemäß nicht möglich. Im Folgenden werden Fiskal- und Geldpolitik betrachtet.

57 Für die *IS*-Gleichung sei angenommen: $Y = C\left(\underset{+}{Y}, \underset{-}{T}\right) + I\left(\underset{+}{Y}, \underset{-}{i}\right) + G + NX\left(\underset{-}{Y}, \underset{+}{Y^*}, \underset{-}{\overline{E}P/P^*}\right)$.

58 Für die *LM*-Gleichung sei angenommen: $M = P \cdot Y \cdot L\left(\underset{-}{i}\right)$.

59 Für die Angebotsfunktion sei angenommen: $Y = S\left(\underset{+}{P}, \underset{-}{P^*}, \underset{+}{\overline{E}}\right)$.

5.3.1. Fiskalpolitik

Formal ergeben sich folgende Einflussfaktoren für die drei endogenen Größen bei fiskalpolitischen Maßnahmen im Inland:

$$\frac{dY}{dG}=\frac{-S_P'\cdot YL_i'}{D}=\frac{+}{+}>0,$$

$$\frac{di}{dG}=\frac{L(i)\cdot(S_P'+Y)}{D}=\frac{+}{+}>0,$$

$$\frac{dP}{dG}=\frac{-YL_i'}{D}=\frac{+}{+}>0.$$

Fiskalpolitik ist damit voll outputwirksam. Eine kreditfinanzierte Staatsausgabenerhöhung führt zu Zinssteigerungen, wobei es aufgrund der unterbundenen Kapitalmobilität nicht zu Kapitalabflüssen und damit verbundenen Zinssenkungen kommt.[60] Die zusätzliche Staatsnachfrage führt zu steigenden Preisen für inländische Güter und zu einer unterproportionalen Steigerung des Gesamtpreisniveaus *g*, in dessen Ausmaß auch die Löhne *W* steigen. Die überproportionale Preissteigerung für inländische Güter führt zu einer sinkenden Grenzproduktivität der Arbeit und folglich zu einer Beschäftigungs- und Outputausdehnung. Durch letztere kann die Güternachfrage entsprechend befriedigt werden.

Für eine Erhöhung der ausländischen Nachfrage nach inländischen Gütern ergeben sich die gleichen Vorzeichen wie im Fall einer Staatsausgabenerhöhung. Die zusätzliche Nachfrage kommt jedoch nicht aus dem Inland, sondern aus dem Ausland. Die Wirkungsweise ist identisch, nur dass die Zinsen nicht infolge der Emission von Staatsanleihen steigen, sondern infolge des erhöhten realen Einkommens, was die Geldnachfrage ansteigen lässt.

5.3.2. Geldpolitik

Zunächst seien wieder formal die Änderungen der endogenen Größen bei einer Variation der inländischen Geldmenge aufgezeigt:

[60] Möglicherweise verdrängt die Zinserhöhung private Investitionen. Nach Abschluss aller Anpassungsprozesse wird der Zinsanstieg durch das erhöhte Volkseinkommen und die gestiegene Geldnachfrage gerechtfertigt.

$$\frac{dY}{dM} = \frac{-I_i' \cdot S_P'}{D} = \frac{+}{+} > 0,$$

$$\frac{di}{dM} = \frac{NX_\varepsilon' - \left(1 - C_Y' - I_Y' - NX_Y'\right) \cdot S_P'}{D} = \frac{-}{+} < 0,$$

$$\frac{dP}{dM} = \frac{-I_i'}{D} = \frac{+}{+} > 0.$$

Geldpolitik hat in der betrachteten Volkswirtschaft mit Effizienzlöhnen und unterbundener Kapitalmobilität reale Effekte. Erhöht die Zentralbank durch den Ankauf von Wertpapieren die Geldmenge, sinkt der inländische Zinssatz. Die Wirtschaftssubjekte fragen vermehrt Güter nach, woraufhin zunächst die Preise für inländische Güter steigen. Da auch noch ausländische Güter zum unveränderten Preis importiert werden, steigt das Gesamtpreisniveau g nur unterproportional zu P. Die Nominallöhne W steigen im gleichen Verhältnis wie g, so dass die Reallöhne konstant bleiben. Jedoch wird insgesamt die Grenzproduktivität der Arbeit gesenkt, woraufhin die Unternehmen die Beschäftigung erhöhen und mit den zusätzlichen Arbeitern auch die zusätzliche Nachfrage befriedigen können. Die Zinssenkung bleibt bestehen, da die reale Geldmenge trotz Preisniveausteigerung gestiegen ist.

5.4. Fazit

Tabelle 9 fasst die Ergebnisse dieses Kapitels und des vierten Kapitels zusammen. Bei der Darstellung wird jeweils von rationalen Wechselkurserwartungen, d.h. es stellt sich $i = i^*$ ein. Weiterhin wird bei den Ergebnissen des vierten Kapitels die kurze Frist betrachtet, da dies den wesentlichen Ergebnissen des Mundell-Fleming-Modells entspricht. Preisänderungen in der langen Frist entfallen daher für diesen Modellansatz, während es hingegen in der Effizienzlohnwirtschaft zu Preisanpassungen kommen kann.

Der wesentliche Unterschied der betrachteten Ansätze liegt in der Wirksamkeit von Geld- und Fiskalpolitik unter einem Regime flexibler Wechselkurse. Während im traditionellen Ansatz Geldpolitik wirkungsvoll und Fiskalpolitik wirkungslos ist, drehen sich die Ergebnisse in einer Volkswirtschaft mit Effizienzlöhnen um.

Wechselkurs-system	G	M	Y^*	P^*	i^*
Flexibel	0	+	0	0	+
Flexibel, Eff.	+	0	+	0	-
Fix	+	/	+	+	-
Fix, Eff.	+	/	+	0	-
Geschlossene Volkswirtschaft	+	+	/	/	/

Tabelle 9 Ergebnisübersicht Kapitel 5.
Wirkung auf den Output bei Veränderung bestimmter exogener Größen.

In einem Regime fester Wechselkurse ist Geldpolitik nicht möglich und Fiskalpolitik jeweils effektiv. Flexible Wechselkurse schützen immer vor einem Inflationsimport. Im traditionellen Ansatz führt ein Regime fester Wechselkurse zu einem Inflationsimport für das Land mit der Interventionspflicht auf dem Devisenmarkt.

In der Effizienzlohnwirtschaft findet in einem Regime fester Wechselkurse keine Beeinflussung des inländischen Einkommens durch unterschiedliche Inflationsraten zwischen In- und Ausland statt. Unterschiedliche Wirkungen auf den Output ergeben sich bei Störungen auf dem Geld- und Finanzmarkt. Kommt es im traditionellen Ansatz zu einer Steigerung des internationalen Zinssatzes, wertet die inländische Währung ab und die Wirtschaft kann via Wechselkurskanal wachsen. Bei festen Wechselkursen und in einer Effizienzlohnwirtschaft steigen jedoch infolge internationaler Zinssteigerungen und vollkommener Kapitalmobilität auch die inländischen Zinsen, was zu einem Rückgang der Investitionsgüternachfrage und damit zu einem Einkommensrückgang führt.

6 Währungsunion

In diesem Kapitel wird das *IS-LM*-Modell für eine Währungsunion vorgestellt. Für wirtschaftspolitische Maßnahmen, welche die gesamte Währungsunion betreffen, d.h. Geld- und Fiskalpolitik, ergeben sich keine Unterschiede zu den bisherigen Darstellungen, da die Union als ein Land angenommen werden kann. Moritz/Stadtmann (2010) und Wohltmann (2007) stellen das *IS-LM*-Modell für zwei große Länder, die eine Währungsunion bilden, dar. Im folgenden Abschnitt sei auf das Modell einer Währungsunion, bestehend aus zwei Ländern eingegangen. Der zweite Abschnitt betrachtet ein kleines Land, welches Mitglied einer Währungsunion ist und dabei keine autonome Geldpolitik betreiben kann.

6.1. Wirtschaftspolitische Maßnahmen in der Währungsunion

In diesem Abschnitt wird das *IS-LM*-Modell für eine Währungsunion vorgestellt. Die Darstellung schließt sich den Lehrbüchern von Wohltmann (2007) und Moritz/Stadtmann (2010) an. Es werden zwei Länder, genannt D und F, also beispielsweise Deutschland und Frankreich, betrachtet, die beide gemeinsam eine Währungsunion bilden. Dies bedeutet, eine zentrale Institution betreibt die Geldpolitik, wohingegen kein Land autonome Geldpolitik durchführen kann. Beiden Ländern bleibt nur noch die Möglichkeit selbstständig Fiskalpolitik zu betreiben. Nach außen hin verfügt die Währungsunion über einen flexiblen Wechselkurs, der sich am Markt bildet und somit die Zentralbank von einer Interventionspflicht entbindet. Die Gütermärkte der beiden betrachteten Volkswirtschaften lassen sich durch die beiden folgenden *IS*-Gleichungen beschreiben:

$$Y^D = C^D\left(\underset{+}{Y^D}\right) + I^D\left(\underset{+}{Y^D}, \underset{-}{i}\right) + G^D + NX^D\left(\underset{-}{Y^D}, \underset{+}{Y^F}\right) + NX^{DWelt}\left(\underset{-}{Y^D}, \underset{+}{Y^*}, \underset{-}{E}\right), \tag{6.1}$$

$$Y^F = C^F\left(\underset{+}{Y^F}\right) + I^F\left(\underset{+}{Y^F}, \underset{-}{i}\right) + G^F + NX^F\left(\underset{-}{Y^F}, \underset{+}{Y^D}\right) + NX^{FWelt}\left(\underset{-}{Y^F}, \underset{+}{Y^*}, \underset{-}{E}\right). \tag{6.2}$$

Beide Länder treiben Handel miteinander, d.h. innerhalb der Währungsunion findet Handel statt. Die Preisniveaus seien als fix und als auf eins normiert angenommen. Damit hängt das Güteraustauschverhältnis innerhalb der Union von den Einkommen der beiden Länder ab. Für die folgenden Betrachtungen gilt weiter $NX^F\left(\underset{-}{Y^F}, \underset{+}{Y^D}\right) = -NX^D\left(\underset{-}{Y^D}, \underset{+}{Y^F}\right)$. Die jeweiligen Nettoexporte zum Rest der Welt hängen vom jeweiligen inländischen Einkommen, dem

Welteinkommen und dem nominalen Wechselkurs *E* ab. Der gemeinsame Geld- und Finanzmarkt lässt sich durch die folgende *LM*-Gleichung beschreiben:

$$M = Y^D \cdot L^D\left(\underset{-}{i}\right) + Y^F \cdot L^F\left(\underset{-}{i}\right). \tag{6.3}$$

Im Gleichgewicht auf dem Geld- und Finanzmarkt entspricht das Geldangebot der Geldnachfrage der beiden Unionsländer.

Auf dem Devisenmarkt herrschen rationale Wechselkurserwartungen. Ferner beeinflusst das Zinsniveau der Währungsunion das Weltzinsniveau nicht. Da homogene Finanzaktiva betrachtet werden, gilt die folgende Zinsparitätenbedingung:

$$i^{Union} = i^*. \tag{6.4}$$

Endogen ergeben sich in diesem Modellansatz die Volkseinkommen Y^D und Y^F, der Zinssatz *i* und der nominale Wechselkurs *E*. Nach Bildung der totalen Differentiale der Gleichungen (6.1) bis (6.4) ergibt sich die folgende Matrixdarstellung:

$$\begin{pmatrix} K^D & -NX'^D_{YF} & -NX'^{DWelt}_E & -I'^D_i \\ NX'^D_Y & K^F & -NX'^{FWelt}_E & -I'^F_i \\ L^D(i) & L^F(i) & 0 & \left(Y^D L'^D_i + Y^F L'^F_i\right) \\ 0 & 0 & 0 & 1 \end{pmatrix} \cdot \begin{pmatrix} dY^D \\ dY^F \\ dE \\ di \end{pmatrix} = \begin{pmatrix} dG^D + NX'_{Y*}dY^* \\ dG^F + NX'_{Y*}dY^* \\ dM \\ di^* \end{pmatrix}, \tag{6.5}$$

wobei $K^D = \left(1 - C'^D_Y - I'^D_Y - NX'^D_Y - NX'^{DWelt}_Y\right)$ und $K^F = \left(1 - C'^F_Y - I'^F_Y - NX'^{FWelt}_Y + NX'^{FD}_Y\right)$ gelten. Für die Determinante der Koeffizientenmatrix in (6.5) gilt:

$$D = \left(K^F \cdot NX'^{DWelt}_E + NX'^D_{YF} \cdot NX'^{FWelt}_E\right) \cdot L^D(i) + \left(K^D \cdot NX'^{FWelt}_E - NX'^D_{YD} \cdot NX'^{DWelt}_E\right) \cdot L^F(i) \,. \tag{6.6}$$
$$D < 0$$

6.1.1. Geldpolitik

Zunächst seien wieder die formalen Ergebnisse einer Geldmengenänderung auf die endogenen Größen aufgezeigt:

$$\frac{dY^D}{dM}=\frac{K^F\cdot NX_E'^{DWelt}+NX_{YF}'^D\cdot NX_E'^{FWelt}}{D}=\frac{-}{-}>0,$$

$$\frac{dY^F}{dM}=\frac{K^D\cdot NX_E'^{FWelt}-NX_{YD}'^D\cdot NX_E'^{DWelt}}{D}=\frac{-}{-}>0,$$

$$\frac{dE}{dM}=\frac{K^D\cdot K^F+NX_{YD}'^D\cdot NX_{YF}'^D}{D}=\frac{+}{-}<0,$$

$$\frac{di}{dM}=\frac{0}{D}=0.$$

Geldpolitik ist in einer Währungsunion mit flexiblen Wechselkursen nach außen outputwirksam. Dies entspricht dem bekannten Ergebnis des Mundell-Fleming-Modells. Erhöht die gemeinsame Zentralbank die Geldmenge *M*, kommt es tendenziell zu Zinssenkungen, in deren Folge es zu Kapitalabflüssen und damit einer Abwertung der gemeinsamen Währung kommt. Diese Abwertung bewirkt eine Ausweitung der Nettoexporte der Unionsländer zum Rest der Welt. Folglich steigen die Nachfrage, die Produktion und das Einkommen der Union an.

6.1.2. Fiskalpolitik in einem Land

Im Folgenden sei Fiskalpolitik eines Unionsmitgliedslandes betrachtet; Deutschland, gekennzeichnet mit *D*, betreibt Fiskalpolitik, während das Land Frankreich, gekennzeichnet mit *F*, seine Staatsausgaben unverändert lässt. Es ergeben sich folgende Änderungen der endogenen Größen:

$$\frac{dY^D}{dG^D}=\frac{NX_E'^{FWelt}\cdot L^F(i)}{D}=\frac{-}{-}>0,$$

$$\frac{dY^F}{dG^D}=\frac{-NX_E'^{FWelt}\cdot L^D(i)}{D}=\frac{+}{-}<0,$$

$$\frac{dE}{dG^D}=\frac{NX_{YD}'^D\cdot L^F(i)-K^F\cdot L^D(i)}{D}=\frac{-}{-}>0,$$

$$\frac{di}{dG^D} = \frac{0}{D} = 0 .$$

Erhöht Deutschland seine Staatsausgaben, indem es neue Staatsanleihen begibt, erhöht sich der Zins in der Währungsunion. Dies führt zu Kapitalzuströmen und einer Aufwertung der gemeinsamen Währung. Die Kapitalbewegungen dauern solange an, bis wieder die Zinsparität zum Weltzinsniveau hergestellt ist. Deutschland profitiert von expansiver Fiskalpolitik, da die zusätzliche Staatsnachfrage Produktion und Einkommen erhöhen, während die Kosten dieser Maßnahme in Form der Währungsaufwertung von allen Unionsländern getragen werden. Frankreich erlebt durch die Aufwertung einen Rückgang der Nettoexporte und damit einen Einkommensrückgang. Auch unter einem System flexibler Wechselkurse bleibt in einer Währungsunion Fiskalpolitik wirksam, wobei die Anpassungslasten auf alle Unionsländer verteilt werden.

Das bisher aufgezeigte Ergebnis für Fiskalpolitik eines Mitgliedslandes stellt sich parallel auch für das andere Mitgliedsland ein. An dieser Stelle werden die formalen Änderungen der endogenen Größen für französische Fiskalpolitik aufgezeigt:

$$\frac{dY^D}{dG^F} = \frac{-NX_E'^{DWelt} \cdot L^F(i)}{D} = \frac{+}{-} < 0 ,$$

$$\frac{dY^F}{dG^F} = \frac{NX_E'^{DWelt} \cdot L^D(i)}{D} = \frac{-}{-} > 0 ,$$

$$\frac{dE}{dG^F} = \frac{-NX_{YF}'^{D} \cdot L^D(i) - K^D \cdot L^F(i)}{D} = \frac{-}{-} > 0 ,$$

$$\frac{di}{dG^F} = \frac{0}{D} = 0 .$$

Erhöht Frankreich seine Staatsausgaben via Schuldenfinanzierung, kommt es wieder zu einer Aufwertung der Gemeinschaftswährung. Während Frankreich von der zusätzlichen Staatsnachfrage profitiert, erleidet Deutschland Outputeinbußen infolge fallender Nettoexporte.

Aus der Analyse wird deutlich, wie auch Gütermarktschocks eines Unionslandes Auswirkungen auf die Produktion des anderen Landes besitzen: Erlebt ein Land einen Boom, führt dies zu steigenden Zinsen in der Union und damit zu einer Aufwertung, was die Produktion des anderen Landes sinken lässt. Ebenso kann ein Nachfrageeinbruch in einem Land zu fallenden Zinsen und damit einer Abwertung führen, wovon das andere Land durch eine Ausweitung der Nettoexporte profitiert.

6.1.3. Fiskalpolitik in beiden Ländern

Im Folgenden seien fiskalpolitische Maßnahmen beider Unionsländer betrachtet. Es wird $dG^U = dG^F = dG^D$ angenommen, dabei ergeben sich folgende Änderungen der endogenen Größen:

$$\frac{dY^D}{dG^U} = \frac{\left(NX_E'^{FWelt} - NX_E'^{DWelt}\right) \cdot L^F(i)}{D} = 0,$$ [61]

$$\frac{dY^F}{dG^U} = \frac{\left(NX_E'^{DWelt} - NX_E'^{FWelt}\right) \cdot L^D(i)}{D} = 0,$$ [62]

$$\frac{dE}{dG^U} = \frac{\left(NX_{YD}'^{D} - K^D\right) \cdot L^F(i) - \left(K^F + NX_{YF}'^{D}\right) \cdot L^D(i)}{D} = \frac{-}{-} > 0,$$

$$\frac{di}{dG^U} = \frac{0}{D} = 0.$$

Sind beide Länder symmetrisch, d.h. gilt $NX_E'^{FWelt} = NX_E'^{DWelt}$, haben die fiskalpolitischen Maßnahmen der beiden Unionsländer wie im „traditionellen“ Mundell-Fleming-Modell keine Outputwirkung. Durch die kreditfinanzierte Staatsausgabenerhöhung kommt es tendenziell zu einem Zinsanstieg, wodurch die Währung aufwertet und damit die Nettoexporte beider Unionsländer sinken.

[61] Dies gilt, wenn $NX_E'^{FWelt} = NX_E'^{DWelt}$.

[62] Dies gilt ebenfalls, wenn $NX_E'^{DWelt} - NX_E'^{FWelt}$.

Unterstellt man Symmetrie zwischen beiden Ländern, haben Schwankungen der Weltkonjunktur keinen Einfluss auf die Produktion der Unionsländer; formal ergeben sich die gleichen Vorzeichen wie oben dargestellt.

Wird Asymmetrie beider Länder unterstellt, z.B. $NX_E'^{FWelt} > NX_E'^{DWelt}$, schrumpft das deutsche Einkommen infolge einer fiskalpolitischen Expansion, während Frankreich von der gemeinsamen Maßnahme durch eine Produktionsausweitung profitiert. Deutschland leidet in diesem Fall stärker unter der Aufwertung als Frankreich. Ähnlich verhält es sich bei Schwankungen der Weltkonjunktur; gilt $NX_E'^{FWelt} \neq NX_E'^{DWelt}$, profitiert ein Unionsland durch die Änderung des Wechselkurses von weltweiten Nachfrageänderungen, während das andere Unionsland Einkommenseinbußen erleidet.

6.1.4. Risikoprämie

Es gelte im Folgenden für Deutschland $i^D = i^U + \rho$, damit ergibt sich eingesetzt in Gleichung (6.1) $d\rho$ auf der rechten Seiten in der Matrix von (6.5). Für die Bestimmung der Vorzeichen bei der Erhöhung der Risikoprämie in Deutschland gelten die umgekehrten Vorzeichen wie bei einer Erhöhung der Staatsausgaben; es gilt $I'_\rho < 0$. Der Anstieg der Risikoprämie in Deutschland löst einen Verkauf deutscher Wertpapiere aus, womit deren Kurse sinken und die Zinsen um den Betrag der Risikoprämie ansteigen. In Deutschland verteuert dies die Investitionen und lässt Produktion und Einkommen sinken. Da Investoren auch die Gemeinschaftswährung verkaufen, wertet die Gemeinschaftswährung ab, wovon die französische Volkswirtschaft durch eine Ausweitung der Nettoexporte profitiert und folglich das französische Einkommen steigen kann. Die Abwertung der Gemeinschaftswährung muss bis zur Erfüllung der Zinsparitätenbedingung stattfinden.

6.1.5. Zinsniveauänderung

Formal ergibt sich für eine Änderung des Weltzinsniveaus für die endogenen Größen:

$$\frac{dY^D}{di^*} = \frac{\left(I_i'^D NX_E'^{FWelt} - I_i'^F NX_E'^{DWelt}\right) L^F(i) - K^L \left(K^F NX_E'^{DWelt} + NX_{YF}'^D NX_E'^{FWelt}\right)}{D},$$

$$\frac{dY^F}{di^*} = \frac{K^L NX_{YD}'^D NX_E'^{DWelt} - K^D K^L NX_E'^{FWelt} + I_i'^F NX_E'^{DWelt} L^D(i) - I_i'^D NX_E'^{FWelt} L^D(i)}{D},$$

$$\frac{dE}{di^*} = \frac{\left(I_i'^D NX_{YD}'^D - I_i'^F K^D\right) L^F(i) - \left(I_i'^D K^F + I_i'^F NX_{YF}'^D\right) L^D(i) - K^L\left(K^D K^F + NX_{YD}'^D NX_{YF}'^D\right)}{D} < 0,$$

$$\frac{di}{di^*} = \frac{D}{D} = 1,$$

wobei jeweils $K^L = \left(Y^D L_i'^D + Y^F L_i'^F\right) < 0$ gilt.

Infolge der unterstellten vollkommenen internationalen Kapitalmobilität führt eine Erhöhung des Weltzinsniveaus zu Kapitalabflüssen aus der Währungsunion, wobei die Gemeinschaftswährung abwertet und der Zins in der Währungsunion auf das Weltzinsniveau ansteigt. Für den Output ergeben sich gegenläufige Effekte: Einerseits begünstigt die Abwertung die Nettoexporte, andererseits verdrängt der Zinsanstieg die Investitionsgüternachfrage. Werden beide Unionsländer als vollkommen symmetrisch angenommen, so führt ein Anstieg des Weltzinsniveaus über den Wechselkurskanal zu einer Nachfrage- und Produktionsausweitung in den beiden Unionsländern. Dieses Ergebnis entspräche auch dem im zweiten Kapitel dargestellten Ergebnis.

6.2. Wirtschaftspolitische Maßnahmen in einem Mitgliedsland

In diesem Abschnitt wird das *IS-LM*-Modell für ein kleines Mitgliedsland einer Währungsunion angewandt. Dabei wird eine kleine offene Volkswirtschaft angenommen, deren wirtschaftliche Aktivitäten keinen Einfluss auf den Wechselkurs und den Zinssatz der Währungsunion haben. Das kleine Land treibt Handel mit den Unionsländern und mit dem Rest der Welt; damit stellt sich die Gleichung für das Gütermarktgleichgewicht wie folgt dar:

$$Y = C\left(\underset{+}{Y}, \underset{-}{T}\right) + I\left(\underset{+}{Y}, \underset{-}{i}\right) + G + NX^{Union}\left(\underset{-}{Y}, \underset{+}{Y^{Union}}, \underset{-}{P/P^{Union}}\right) + NX^{Welt}\left(\underset{-}{Y}, \underset{+}{Y^*}, \underset{-}{\bar{E}P/\bar{P}^*}\right). \quad (6.7)$$

Die *LM*-Gleichung entfällt aus der Betrachtung, da annahmegemäß eine Institution der Währungsunion über die Geldversorgung der Währungsunion bestimmt und das kleine Land darauf keinen Einfluss hat. Das betrachtete Land gibt die autonome Geldpolitik auf, muss jedoch auch kein festes Wechselkursziel mehr verteidigen. Der Zinssatz im Inland entspricht dem Zins, welcher in der Währungsunion herrscht:

$$i = i^{Union} = i^*, \tag{6.8}$$

wobei rationale Wechselkurserwartungen angenommen werden und der inländische Zins identisch mit dem Weltmarktzins ist. Die Gemeinschaftswährung hat flexible Wechselkurse zum Rest der Welt und die Zentralbank der Währungsunion unterliegt keiner Interventionspflicht auf dem Devisenmarkt.

Weiterhin kann in die Betrachtung der Volkswirtschaft eines kleinen Landes der Arbeitsmarkt in Form der *AS*-Gleichung einbezogen werden:

$$P = P^e \cdot (1+\mu) \cdot F\left(\underset{-}{1-\frac{Y}{N}}, \underset{+}{z}\right). \tag{6.9}$$

Aus den Gleichungen (6.7) bis (6.9) wird das totale Differential gebildet und in Matrixform dargestellt:

$$\begin{pmatrix} K & -I_i' & \left(-NX_\varepsilon'^W - NX_\varepsilon'^U\right) \\ 0 & 1 & 0 \\ (1+\mu)F_Y' & 0 & 1 \end{pmatrix} \cdot \begin{pmatrix} dY \\ di \\ dP \end{pmatrix} = \begin{pmatrix} dG + NX_{Yu}'^U dY^U - NX_\varepsilon'^U dP^U \\ di^U \\ F(\bullet)d\mu + (1+\mu)F_z'dz \end{pmatrix}. \tag{6.10}$$

Der Zinssatz entspricht dem Zinssatz in der Währungsunion. Weiterhin seien $P^* = P^U = 1$, und $dY^* = dP^* = dE = dT = 0$ angenommen. Ferner gilt zur besseren Übersichtlichkeit $K = \left(1 - C_Y' - I_Y' - NX_Y'^U - NX_Y'^W\right)$.[63] Für die Determinante der Koeffizientenmatrix in (6.10) gilt:

$$D = K + \left(NX_\varepsilon'^W + NX_\varepsilon'^U\right) \cdot F_Y' \cdot (1+\mu) > 0.$$

6.2.1. Fiskalpolitik im Mitgliedsland

Für fiskalpolitische Maßnahmen in einem kleinen Mitgliedsland einer Währungsunion ergeben sich formal folgende Änderungen der endogenen Größen:

[63] Dabei gilt $K > 0$.

$$\frac{dY}{dG} = \frac{1}{D} = \frac{+}{+} > 0,$$

$$\frac{di}{dG} = \frac{0}{D} = 0,$$

$$\frac{dP}{dG} = \frac{-F_Y' \cdot (1+\mu)}{D} = \frac{+}{+} > 0.$$

In einem kleinen Land, welches Mitglied einer Währungsunion ist, erweist sich Fiskalpolitik als effektiv. Eine Erhöhung der Staatsausgaben führt tendenziell zu steigenden Zinsen, was jedoch in dem Unionsland zu Kapitalzuflüssen führt, durch welche der Zinsanstieg abgebaut wird. Eine Aufwertung der Gemeinschaftswährung gegenüber der Welt findet nicht statt. Durch expansive Fiskalpolitik eines kleinen Landes kann dieses die Güternachfrage stimulieren, wodurch nicht nur die heimische Produktion ausgeweitet wird, sondern auch die Importnachfrage steigt. Langfristig wird der fiskalpolitische Impuls durch ein steigendes Preisniveau abgebremst, wodurch das kleine Land an Wettbewerbsfähigkeit innerhalb der Union und gegenüber dem Rest der Welt verliert, da inländische Produkte gegenüber ausländischen Produkten teurer werden.

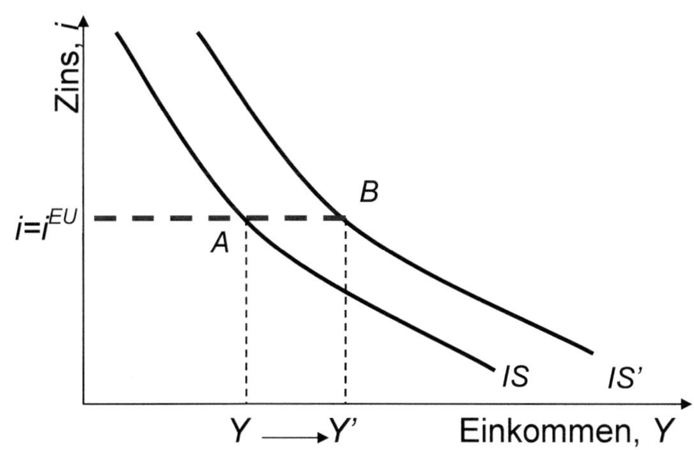

Abbildung 27 Expansive Fiskalpolitik in einem kleinen Land einer Währungsunion.

Für einen Anstieg des Einkommens in der Union gelten die gleichen Vorzeichen wie für fiskalpolitische Maßnahmen. Jedoch unterliegt das kleine Land auch den konjunkturellen Schwankungen der Währungsunion. Ein Preisniveauanstieg in der Union führt ebenfalls zu den gleichen Effekten wie eine Staatsausgabenerhöhung im Inland. In den verschiedenen Fällen unterscheiden sich jedoch die Größen der Multiplikatoren.

6.2.2. Zinsänderungen in der Währungsunion

Infolge von Zinsänderungen innerhalb der Währungsunion ergeben sich formal für die endogenen Größen des betrachteten kleinen Unionsmitgliedslandes:

$$\frac{dY}{di^{Union}} = \frac{I_i'}{D} = \frac{-}{+} < 0,$$

$$\frac{di}{di^{Union}} = \frac{K + \left(NX_\varepsilon'^W + NX_\varepsilon'^U\right) \cdot F_Y' \cdot (1+\mu)}{K + \left(NX_\varepsilon'^W + NX_\varepsilon'^U\right) \cdot F_Y' \cdot (1+\mu)} = 1,$$

$$\frac{dP}{di^{Union}} = \frac{-F_Y' \cdot (1+\mu) \cdot I_i'}{D} = \frac{-}{+} < 0.$$

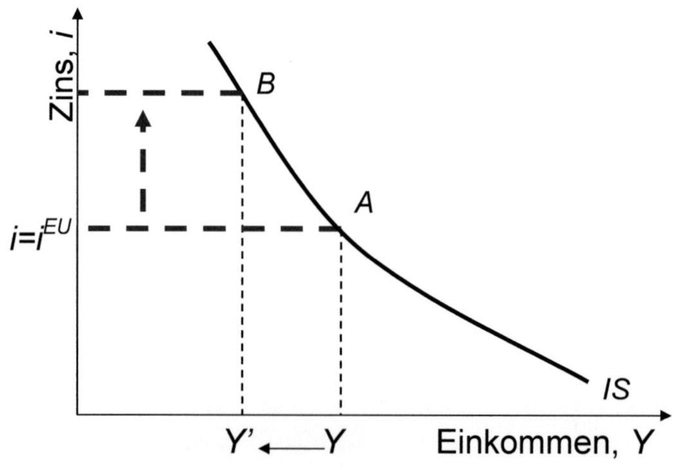

Abbildung 28 Zinsanstieg in der Währungsunion.

Ein Zinsanstieg innerhalb der Währungsunion, etwa ausgelöst durch restriktive Geldpolitik, lässt die Investitionsgüternachfrage im Mitgliedsland und folglich die gesamte Produktion sinken, da der Zinsanstieg durch Arbitragegeschäfte auf dem Kapitalmarkt in die einzelnen Mitgliedsländer übertragen wird. Ist der Arbeitsmarkt des Mitgliedslandes hinreichend flexibel, kann das Land durch Lohnsenkungen und folglich Preissenkungen zum natürlichen Produktionsniveau zurückkehren.

6.2.3. Anstieg der Risikoprämie im Mitgliedsland

Die kleine betrachtete Volkswirtschaft, welche Teil einer Währungsunion ist, kann vom Kapitalmarkt mit einer Risikoprämie ρ bedacht werden, was den Zinssatz in diesem Land über den Zinssatz der Währungsunion ansteigen lässt, $i = i^{Union} + \rho$.

Formal ergibt sich für das Gleichungssystem aus *IS*-Gleichung, Zinsparitätenbedingung und *AS*-Gleichung folgende Matrixdarstellung:

$$\begin{pmatrix} K & -I_i' & \left(-NX_\varepsilon'^W - NX_\varepsilon'^U\right) \\ 0 & 1 & 0 \\ (1+\mu)F_Y' & 0 & 1 \end{pmatrix} \cdot \begin{pmatrix} dY \\ di \\ dP \end{pmatrix} = \begin{pmatrix} dG + I_\rho' d\rho \\ di^U + d\rho \\ F(\bullet)d\mu + (1+\mu)F_z' dz \end{pmatrix}. \tag{6.11}$$

Die Determinante der Koeffizientenmatrix in (6.11) unterscheidet sich nicht von jener in (6.10). Für eine Änderung der Risikoprämie in dem kleinen Mitgliedsland der Währungsunion ergibt sich formal für die endogenen Größen:

$$\frac{dY}{d\rho} = \frac{I_\rho' + I_i'}{D} = \frac{-}{+} < 0,$$

$$\frac{di}{d\rho} = \frac{K + \left(NX_\varepsilon'^W + NX_\varepsilon'^U\right) \cdot F_Y' \cdot (1+\mu)}{K + \left(NX_\varepsilon'^W + NX_\varepsilon'^U\right) \cdot F_Y' \cdot (1+\mu)} = 1,$$

$$\frac{dP}{d\rho} = \frac{-F_Y' \cdot (1+\mu) \cdot \left(I_i' + I_\rho'\right)}{D} = \frac{-}{+} < 0.$$

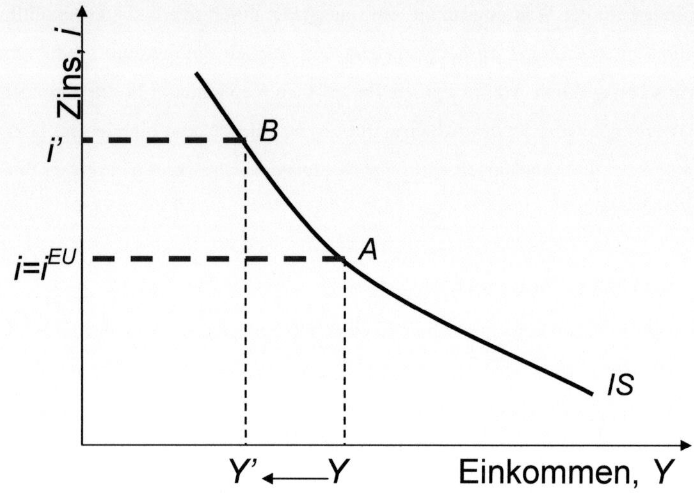

Abbildung 29 Anstieg der Risikoprämie im *IS-LM*-Modell.

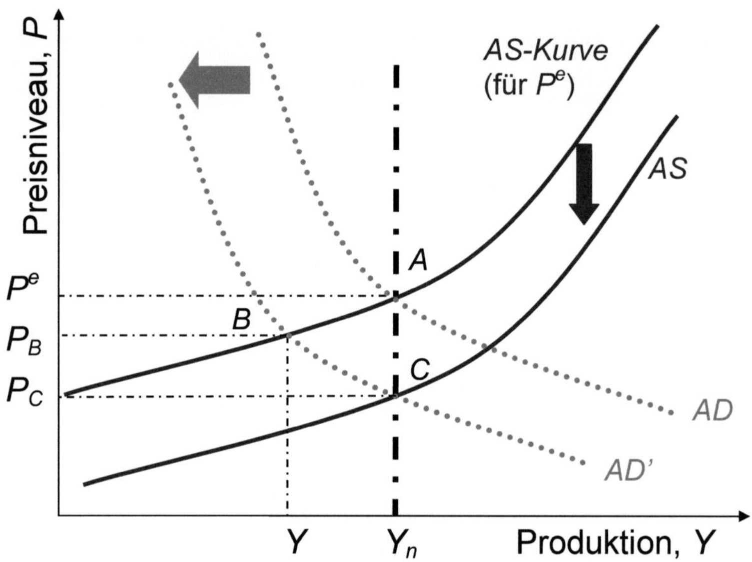

Abbildung 30 Anstieg der Risikoprämie im *AS-AD*-Modell.

<u>Erklärung:</u>

Ein Anstieg der Risikoprämie im Inland führt zu Verkäufen am Wertpapiermarkt, was die Kurse sinken und die Zinsen um den Betrag der Risikoprämie ansteigen lässt. Die Kapitalflucht löst jedoch keine Abwertung der Währung aus, da der Außenwert der Gemeinschaftswährung durch die Währungsunion bestimmt wird und das betrachtete Land darauf annahmegemäß keinen Einfluss besitzt. Der Zinsanstieg verteuert Investitionen und lässt die Investitionsgüternachfrage und folglich die gesamtwirtschaftliche Nachfrage sinken.

Langfristig kann die betrachtete Volkswirtschaft ihr „natürliches" Outputniveau wieder erreichen, wenn Löhne und Preise nach unten hinreichend flexibel sind und die Gewerkschaft zu Lohnsenkungen bereit ist. In Abbildung 30 verschiebt sich damit die *AS*-Kurve nach unten.

6.3. Fazit

In Tabelle 10 wird die Wirkung auf den Output bei der Veränderung verschiedener exogener Größen zusammengefasst:

Output	M	G^D	G^F	G^U	Y^*	i^*	ρ^D
Y^D	+	+	-	0	0	+	-
Y^F	+	-	+	0	0	+	+

Tabelle 10 Ergebnisübersicht 1 Kapitel 6.
Wirkung auf den Output bei Veränderung bestimmter exogener Größen.

In der Währungsunion bleibt Geldpolitik voll wirksam. Betreibt ein Land allein Fiskalpolitik, hat dies positive Auswirkungen auf das aktive Land und negative auf das passive Land. Konjunkturstörungen eines Unionslandes haben Auswirkungen auf das andere Unionsland. Betreiben beide Unionsländer Fiskalpolitik, stellen sich keine Outputwirkungen ein, hierbei wird jedoch von symmetrischen Ländern ausgegangen. Ebenso verhält es sich bei einer Änderung des Weltoutputniveaus, welche bei symmetrischen Unionsländern keine Outputwirkung entfaltet. Eine Erhöhung des Weltzinsniveaus führt bei symmetrischen Unionsländern via Abwertung der Gemeinschaftswährung zu einem Outputanstieg. Die Erhöhung der Risikoprämie für Finanzanlagen in einem Unionsland führt zu Outputeinbußen in dem betroffenen Land und zu einer Einkommensausweitung im anderen Unionsland.

	M	G^{Land}	Y^U	P^U	i^U	ρ
Y^{Land}	/	+	+	+	-	-

Tabelle 11 Ergebnisübersicht 2 Kapitel 6.
Wirkung auf den Output bei Veränderung bestimmter exogener Größen.

Tabelle 11 fasst die Ergebnisse der Änderung exogener Größen auf den Output einer kleinen Volkswirtschaft, welche Mitglied einer Währungsunion ist, zusammen. Das betrachtete kleine Land kann keine autonome Geldpolitik betreiben: Der Zins wird durch die gemeinsame Zentralbank vorgegeben. Das kleine Land kann ausschließlich Fiskalpolitik und damit Stabilisierungspolitik betreiben. Daneben wird das betrachtete Land von konjunkturellen Schwankungen innerhalb der Währungsunion beeinflusst: Eine Rezession/ein Boom in der Währungsunion lässt auch die Einkommen im Mitgliedsland schrumpfen/steigen. Die Zinsen des Landes passen sich den Zinsen in der Währungsunion an: Schocks auf dem Geld- und Finanzmarkt, die ursprünglich andere Teile der Union betrafen, werden so übertragen. Ein Zinsanstieg in der Union führt zu sinkendem Einkommen im Mitgliedsland. Erhöht sich für das kleine Land die Risikoprämie für Finanzanlagen, steigt der Zinssatz um diesen Betrag, was die Investitionsgüternachfrage und damit das Volkseinkommen sinken lässt.

7 Schlussbemerkungen

Wie sich gezeigt hat, ist eines der einfachsten makroökonomischen Modelle immens facettenreich, so dass seine Darstellung von Lehrbuch zu Lehrbuch variiert. Auch wenn das Modell im Wesentlichen nur aus drei Gleichungen besteht, hängen die Ergebnisse von den Annahmen ab, welche für diese Gleichungen getroffen werden. Die unterschiedlichen Modellergebnisse stellen sich infolge unterschiedlicher Annahmen bezüglich der Wechselkursänderungserwartungen (statische oder rationale Wechselkursänderungserwartungen), der Wahl des Wechselkursregimes (feste oder flexible Wechselkurse) und des Arbeitsmarktes ein. Das *IS-LM*-Modell für eine geschlossene Volkswirtschaft bildete den Ausgangspunkt der Betrachtungen. Im Mittelpunkt der vorliegenden Analyse standen die Annahmen hinsichtlich der „Internationalisierung", d.h. der Wahl des Wechselkursregimes und der Annahmen über die Wechselkursänderungserwartungen. Zum Vergleich der einzelnen Ergebnisse sei auf die jeweiligen Kapitelzusammenfassungen verwiesen.

In einer geschlossenen Volkswirtschaft sind Geld- und Fiskalpolitik wirkungsvoll und können das Volkseinkommen beeinflussen. In einer kleinen offenen Volkswirtschaft mit rationalen Wechselkursänderungserwartungen und flexiblen Wechselkursen ist nur Geldpolitik outputwirksam, während unter der Annahme fester Wechselkurse Fiskalpolitik wirksam ist. Wird von statischen Wechselkurserwartungen ausgegangen, sind Geld- und Fiskalpolitik in einem System flexibler Wechselkurse wirkungsvoll; in einem Festkursregime ist wieder nur Fiskalpolitik outputwirksam.

Daneben wurde der Übergang zur mittleren Frist, welche durch das *AS-AD*-Modell dargestellt wird, aufgezeigt. Kurzfristig können Geld- und Fiskalpolitik helfen Outputschwankungen zu stabilisieren, mittelfristig beeinflussen diese Maßnahmen nur das Preisniveau. Das natürliche Outputniveau der Volkswirtschaft kann nur durch Maßnahmen auf der Angebotsseite (Wettbewerbssituation; Arbeitsmarktinstitutionen) beeinflusst werden.

Weitere Modifikationen des Mundell-Fleming-Modelles bestanden in der Einbeziehung von Effizienzlöhnen und der Betrachtung der Währungsunion. Werden Effizienzlöhne in die Analyse einbezogen, so ist Fiskalpolitik auch unter einem Regime flexibler Wechselkurse wirkungsvoll und Geldpolitik immer wirkungslos. Auch steht einer kleinen offenen Volkswirtschaft, welche Mitglied einer Währungsunion ist, nur das Mittel der Fiskalpolitik zur Verfügung, da über die Geldpolitik die gemeinsame Zentralbank entscheidet. In einer Währungsunion zwischen zwei großen Ländern können fiskalpolitische Maßnahmen über den Wechselkurskanal zu einem Rückgang der Nettoexporte im Partnerland führen, wobei ein Land Vorteile aus der fiskalpolitischen Maßnahme generieren kann, während die Anpassungslast auf alle Mitglieder der Union verteilt wird.

Das Mundell-Fleming-Modell dient in der Makroökonomie als wichtiges Referenzmodell, da es auf plausiblen Annahmen beruht, einfach zu handhaben ist und zu eindeutigen Ergebnissen führt, die in komplexeren Modellen verifiziert oder falsifiziert werden können.

Literaturverzeichnis

Blanchard, Oliver: *Macroeconomics*, 5. Auflage, 2008.

Blanchard, Oliver und Gerhard Illing: *Makroökonomie*, 5. Auflage, 2009.

Chiang, Alpha: *Fundamental Methods of Mathematical Economics*, 4. Auflage, 2005.

Chiang, Alpha, Kevin Wainwright, Harald Nitsch: *Mathematik für Ökonomen - Grundlagen, Methoden und Anwendungen*, 2011.

Dixit, Avinash und Barry Nalebuff: *Spieltheorie für Einsteiger*, 1997.

Duwendag, Dieter, Karl-Heinz Ketterer, Wim Kösters, Rüdiger Pohl und Diethard B. Simmert: *Geldtheorie und Geldpolitik in Europa*, 5. Auflage, 1999.

Felderer, Bernhard und Stefan Homburg: *Makroökonomik und neue Makroökonomik*, 9. Auflage, 2005.

Fleming, Marcus: „Domestic Financial Policies under Fixed and Floating Exchange Rates", *IMF Staff Papers* 9, S. 369–379, 1962.

Goerke, Laszlo und Manfred Holler: *Arbeitsmarktmodelle*, 1997.

Hammond, Peter und Knut Sydsaeter: *Mathematik für Wirtschaftswissenschaftler: Basiswissen mit Praxisbezug*, 3. Auflage, 2008.

Hicks, John: „Mr. Keynes and the ‚Classics'; A Suggested Interpretation", *Econometrica*, Vol. 5, Nummer 2, S. 147-159, April 1937.

Hicks, John: „IS-LM: An Explanation", *Journal of Post Keynesian Economics*, Vol. 3, Nummer 2, S. 139-154, 1980/1981.

Holtemöller, Oliver: *Geldtheorie und Geldpolitik*, 2008.

Keynes, John Maynard: *The General Theory of Employment, Interest, and Money*, Reprint, 1997.

Keynes, John Maynard: *Allgemeine Theorie der Beschäftigung, des Zinses und des Geldes*, 11. Auflage, 2009.

Lai, Ching-chong: „The Mundell Proposition with Efficiency Wages", *European Journal of Political Economy*, Vol. 9, Nummer 3, S. 321-331, August 1993.

Mankiw, Gregory: *Makroökonomik*, 5. Auflage, 2003.

Moritz, Karl-Heinz und Georg Stadtmann: *Monetäre Außenwirtschaft*, 2. Auflage, 2010.

Mundell, Robert: „Capital Mobility and Stabilization Policy under Fixed and Flexible Exchange Rates“, *Canadian Journal of Economics and Political Science*, Vol. 29, Nummer 4, S. 475–485, 1963.

Romer, David: *Advanced Macroeconomics*, 4. Auflage, 2011.

Shapiro, Carl und Joseph Stiglitz: „Equilibrium Unemployment as a Worker Worker Discipline Device“, *The American Economic Review*, Vol. 74, Nummer 3, S. 433-444, Juni 1984.

Stiglitz, Joseph: „The Efficiency Wage Hypothesis, Surplus Labour and the Distribution of Income in L.D.C.s“, *Oxford Economic Papers*, Vol. 28, Nummer 2, S. 185-207, 1976.

Wohltmann, Hans-Werner: *Grundzüge der makroökonomischen Theorie: Totalanalyse geschlossener und offener Volkswirtschaften*, 5. Auflage, 2007.

Stichwortverzeichnis

Crowding In 6
Crowding Out 7f, 58

Devisentransaktionssteuer *siehe* Tobin-Steuer

Effizienzlohn 71ff, 89

Geldmarktschock 11, 13, 23, 32, 46
Gewerkschaft 63, 65, 107
Gütermarktschock 11f, 32, 99

Haavelmo-Theorem 2

Investitionsfalle 7
Investitionskanal 14, 81

Liquiditätsfalle 7

Marshall-Lerner-Bedingung 15f

Nash-Gleichgewicht 25

Ricardianische Äquivalenztheorie V
Risikoprämie 25f, 31f, 40, 47, 100, 105ff

Solow-Bedingung 74, 76, 79

Tobin-Steuer 41ff, 49

Währungsunion 95ff, 101ff
Wechselkurskanal 20, 36, 46, 81, 94, 101

Zinsparitätenbedingung 16, 33, 43, 65, 73, 91, 96, 100, 105

EINZELSCHRIFTEN

Heinrich G. Neudhart

Wiener Internationale Messe – Vorgeschichte, Anfänge und Entwicklung bis zur kriegsbedingten Einstellung 1942

Lohmar – Köln 2011 • 468 S. • € 69,- (D) • ISBN 978-3-8441-0050-1

Volker G. Hahn

Creating Sustainable Shareholder Value with Lean Six Sigma – Evaluation and Portfolio Selection of Lean Six Sigma Projects

Lohmar – Köln 2011 • 196 S. • € 49,- (D) • ISBN 978-3-8441-0051-8

Benedikt Herles

Wert im Spiegel ökonomischer Rationalität – Eine kritische Betrachtung

Lohmar – Köln 2011 • 176 S. • € 48,- (D) • ISBN 978-3-8441-0053-2

Philipp Gallus

Effiziente Organisationsformen im Regionalflugsegment von Netzwerk-Carriern – Situations-Struktur-Konfigurationen im europäischen Luftverkehr

Lohmar – Köln 2011 • 336 S. • € 63,- (D) • ISBN 978-3-8441-0059-4

Tobias Rombach

Preisblasen auf Wohnimmobilienmärkten – Eine theoretische und empirische Analyse der internationalen Märkte

Lohmar – Köln 2011 • 460 S. • € 69,- (D) • ISBN 978-3-8441-0063-1

Uwe V. Lobeck (Hrsg.)

Sylter Runde – Memoranden an Deutschlands Zukunft

Lohmar – Köln 2011 • 448 S. • € 68,- (D) • Hardcover • ISBN 978-3-8441-0077-8

Harald F. O. von Kortzfleisch (Ed.)

Scientific Entrepreneurship – Reflections on Success of 10 Years EXIST

Lohmar – Köln 2011 • 352 S. • € 69,- (D) • Hardcover • ISBN 978-3-8441-0078-5

Andreas Förster

Mundell-Fleming-Modell – Eine makroökonomische Analyse wirtschaftspolitischer Maßnahmen

Lohmar – Köln 2011 • 128 S. • € 24,- (D) • ISBN 978-3-8441-0085-3